Paramahansza Jógánanda
(1893 – 1952)

TUDOMÁNYOS GYÓGYÍTÓ MEGERŐSÍTÉSEK

A Koncentráció Elmélete és Gyakorlata

Paramahansza Jógánanda

*A koncentráció és a megerősítések tudományos
alkalmazása a testben, az elmében és a lélekben
felmerülő diszharmonikus állapotok gyógyítására az értelem,
az akarat, az érzés és az ima segítségével*

Eredeti angol cím Scientific Healing Affirmations
Kiadta a Self-Realization Fellowship, Los Angeles (California):

ISBN-13: 978-0-87612-144-3
ISBN-10: 0-87612-144-X

Magyarra fordította a Self-Realization Fellowship

Copyright © 2019 Self-Realization Fellowship

Minden jog fenntartva. A könyvismertetők rövid idézeteit leszámítva a Magyar nyelven megjelenő (Scientific Healing Affirmations) egyetlen részlete sem reprodukálható, tárolható, adható tovább, vagy hozható nyilvánosságra semmilyen ma ismert vagy ezután kidolgozott (elektronikus, mechanikus vagy másfajta) eljárással, a fénymásolást, lemezre vitelt, vagy az információ- tárolás és –lehívás bármely más módját is beleértve, a Self-Realization Fellowship, 3880 San Rafael Avenue, Los Angeles, California 90065-3219, U.S.A. előzetes engedélye nélkül.

A Self-Realization Fellowship
Nemzetközi Publikációs Tanácsának engedélyével

A Self-Realization Fellowship neve és emblémája (fent látható) az SRF valamennyi könyvén, felvételén és egyéb kiadványán megjelenik ezzel biztosítva az olvasót, hogy a kérdéses munka a Paramahansza Jógánanda által alapított szervezettől származik, és híven követi az ő tanításait.

Első Magyar nyelvű kiadás, 2019
First edition in Hungarian, 2019
Nyomtatva 2019
This printing 2019

ISBN-13: 978-0-87612-795-7
ISBN-10: 0-87612-795-2

1484-JT05142

*Gurudévámnak,
Dzsnyánavatár Szvámi Srí Juktésvarnak
szeretettel, hódolattal és odaadással*

A Könyvről

Amikor Paramahansza Jógánanda több mint hetven évvel ezelőtt bemutatta a *Tudományos gyógyító megerősítésekben* szereplő alapelveket és technikákat, még mindig évtizedeket kellett várni azokra a felfedezésekre, amelyek a „test-elme gyógyítást" közhasználatú kifejezéssé tették. Azokban az években több százezer olvasó sajátított el olyan alapvető készségeket ebből az úttörő jellegű munkából, amelyek segítségével közvetlenül hozzáférhettek és alkalmazhatták a minden emberi lényben ott rejlő gyógyító erőt. Ezek a készségek a fizika, a pszichológia, az idegtudomány és a spiritualitás egymáshoz közelítő területeinek köszönhetően ma már az általános orvoslásban is helyet kaptak.

Paramahansza Jógánanda először 1924-ben, az Oregon állambeli Portland-ben adta át a nagyközönségnek a megerősítések tudományával és az isteni gyógyítással kapcsolatos tanításait egy előadássorozat keretében. Attól kezdve az imádság-megerősítéseket – a hatékonyságukat megalapozó tudományos és spirituális alapelvek lenyűgöző magyarázatával együtt – a jóga filozófiájáról és a meditációról szóló számos előadásába és előadássorozatába is beépítette, amelyeket az Egyesült Államok nagyobb városaiban tartott rendszerint zsúfolásig telt előadótermekben. 1927. január 17-én a *Washington Post* így írt egy ilyen eseményről:

„Több mint ötezren – köztük a város prominens lakói – csatlakoztak a Szvámi Jógánanda által vezetett tudományos gyógyító ülés lassú, zengő rituáléjának részét képező kántáláshoz. Az indiai tanító, metafizikus és pszichológus, valamint az országban található számos Yogoda központ alapítója tegnap este tartotta meg előadását a Washington Auditoriumban.

A lassú kántálás végén többször, hosszan ismétlődött a következő: „Egész vagyok, mert Te énbennem vagy", a legvégén pedig hosszan, több mint egy percig kitartották az [*Aum*] szót...

A Szvámi elmagyarázta, hogy a gyógyító erőt ő maga hívta elő a Kozmikus Szellemből vagy Istenből a megerősítés koncentrációjával, odaadásával és hitével, majd közvetítette a közönség felé a rezgő hang segítségével, amely állítása szerint kémiai változást okozott a testi sejtekben, és új utasítást adott az agysejteknek, feltéve persze, hogy a rezgéshullámok befogadója megfelelően összpontosított, és átjárta az áhítat."

„A te hited megtartott téged." Paramahansza Jógánanda gyakran idézte Jézus e szavait, hogy rámutasson: az ember belső fogékonysága elengedhetetlen a hatékony gyógyításhoz. 1926. október 16-án a *Cincinnati Enquirer* idézte a szerző szavait a kántálás és megerősítés gyógyító erejével kapcsolatban:

„A New York-i Carnegie Hall háromezer fős, minden előképzettség nélküli közönsége, azt megelőzően pedig a Soldiers' Memorial Hall hasonló nagyságú pittsburghi közönsége előtt minden bevezetés nélkül kántálni kezdtem, és kértem, hogy tartsanak velem. A kántálás vagy megerősítés alatt arra biztattam a közönséget, hogy lazuljanak el, és érthetően kántálják velem az egészség, gazdagság és spirituális felismerés megerősítéseit."

„India szentjei ősidők óta tudják, hogyan kell megzengetni a levegőben bizonyos hangokat védikus énekeik adott hanglejtéssel történő előadása során, hogy felébresszék vele Isten és a kozmikus energia csendes gyógyító erejét, hogy az gyorsan munkába álljon a betegség, szomorúság vagy szegénység megszüntetése érdekében."

Nem sokkal azt követően, hogy Paramahansza Jógánanda elkezdte az előbb említett nyilvános előadásokat, az általa alapított társaság kiadta a *Tudományos gyógyító megerősítéseket*, amely azóta folyamatosan kapható nyomtatásban. Az évek alatt a Self-Realization Fellowship több, egymást követő kiadás során néhány olyan további megerősítéssel egészítette ki a kötetet, amelyeket Srí Jógánanda későbbi előadásain és szemináriumain osztott meg a közönséggel. Az 1930-as és 40-es években a nagy tanító az általa alapított Self-Realization Fellowship-templomokban tartott lelkesítő szolgálatait szinte mindig azzal nyitotta vagy zárta, hogy végigvezette a jelenlévőket egy-egy gyógyító, akaraterő-ébresztő vagy az odaadást és az isteni jelenlét észlelését serkentő megerősítésen.

Ez a könyv – csakúgy, mint Paramahansza Jógánanda minden műve – ritka jelenséget képvisel a kiadói világban: olyan kötet, amelynek nem szökött az egekbe, majd hanyatlott vissza a népszerűsége a megjelenését követő néhány éven belül, hanem vonzereje évtizedről évtizedre fokozatosan és stabilan nőtt. Most egy új generáció kezdi felfedezni ezt a klasszikus útmutatót, amely az életenergia – *prána*, életerő – csodálatos erejével történő gyógyítás világába vezet. Ez az energia pedig nemcsak a magasabb ősi civilizációk gyógyító tudományának lényegét képviseli, hanem a jövő test-elme orvoslásáét is.

— *Self-Realization Fellowship*

Paramahansza Jógánanda
spirituális öröksége

Összes írása, előadása és kötetlen beszéde

Paramahansza Jógánanda 1920-ban alapította a Self-Realization Fellowship (SRF) közösséget abból a célból, hogy világszerte terjessze tanításait, és megőrizze azok tisztaságát és sértetlenségét az eljövendő generációk számára. Amerikában töltött legelső éveitől kezdve termékeny íróként és előadóként működött, aminek következtében hírneves és terjedelmes életművet tudhat magáénak a meditáció jógatudományáról, a kiegyensúlyozott élet művészetéről és minden nagy vallás átfogó egységéről. Egyedi és nagy horderejű spirituális öröksége ma is tovább él, és igazságkeresők millióit lelkesíti világszerte.

A nagy mester kifejezett óhajával összhangban a Self-Realization Fellowship továbbvitte a *Paramahansza Jógánanda összes művei* kiadásával és állandó piacon tartásával kapcsolatos folyamatos feladatokat. Nemcsak az élete során kiadott összes könyv újabb és újabb kiadásai tartoznak ide, hanem számtalan új mű is – olyan munkák, amelyeket 1952-ben bekövetkezett haláláig nem adtak ki, vagy amelyek befejezetlen, sorozatos formában a Self-Realization Fellowship magazinjának a hasábjain jelentek meg az évek során, illetve ide tartozik az a több száz mélységesen ösztönző erejű előadás és kötetlen beszéd is, amelyekről felvétel készült, de a mester haláláig nem kerültek nyomtatásba.

Paramahansza Jógánanda személyesen választotta ki és foglalkozott azokkal a hozzá közel álló tanítványokkal, akik a Self-Realization Fellowship PublikációsTanácsát alkotják, és részletes útmutatásokkal látta el őket a tanítások előkészítési és kiadási munkáira vonatkozóan. Az SRF Publikációs Tanácsának tagjai (olyan szerzetesek és nővérek, akik örök életre szóló lemondási és önzetlen szolgálati esküt tettek) szent igazságként tisztelik ezeket az útmutatásokat, hogy a szeretett világtanító egyetemes üzenete a maga eredeti erejével és hitelességével élhessen tovább.

A Self-Realization Fellowship iv. oldalon látható jelképét Paramahansza Jógánanda választotta ki annak a nonprofit társaságnak az azonosítására, amelyet a saját tanításai hivatalos forrásaként alapított. Az SRF neve és jelképe a Self-Realization Fellowship minden kiadásán és felvételén látható.

Paramahansza Jógánanda spirituális öröksége

Ez biztosítja az olvasót arról, hogy a kezében tartott mű a Paramahansza Jógánanda által alapított szervezettől származik, és az ő tanításait adja át úgy, ahogyan arról maga a mester rendelkezett.

– *Self-Realization Fellowship*

TARTALOM

I. Rész - A Gyógyítás Elmélete

1. **Miért Működnek a Megerősítések** 3
   - Lelki erő az ember szavában 4
   - Az ember Isten-Adta ereje 5
   - Az akarat, az érzés és az értelem használata 6
   - Mentális felelősség a krónikus betegségekért 7
   - A figyelem és a hit elengedhetetlen 9

2. **Az Életenergia Idézi Elő a Gyógyulást** 11
   - Vérmérsékletnek megfelelő gyógymód 12
   - Az érzelem és az akarat ereje 14
   - Az életenergia serkentése 15
   - A megerősítés ereje az igazságban rejlik 19

3. **A Test, az elme és a lélek gyógyítása** 21
   - A fizikai betegségek megelőzése 22
   - A mentális betegségek megelőzése 26
   - A spirituális betegségek megelőzése 27
   - A különböző gyógymódok értékelése 28
   - Az isteni törvények alkalmazása az anyagra 30
   - Vedd kézbe az életenergia irányítását 31

4. A Teremtés Sajátossága.................................33
    Tudat és anyag..34
    A gondolat a legfinomabb rezgés....................35
    Az ember álombeli tapasztalatai......................37
    Májá vagy kozmikus káprázat..........................38
    Mire van szüksége a megtévedt emberiségnek..........39
    „A bölcsesség a legnagyobb tisztító"..................40
    Emberi és isteni tudat..41
    Hagyatkozz a benned rejlő isteni erőre.............42

II. Rész - A Gyógyítás gyakorlata

5. A Megerősítés Technikája............................45
    Előzetes szabályok..45
    Ezeket a megerősítéseket a lélek inspirálja.........51
    A megerősítések alkalmazása a gyakorlatban.
    A kántálás fokozatai...52
    Om vagy Ámen, a kozmikus hang....................53
    Három fiziológiai központ.................................54

6. Tudományos Gyógyító Megerősítések........56
    Megerősítések általános gyógyuláshoz..............56
    Megerősítés a Gondolat Erejével......................64
    Rövid Megerősítések...65

xv

Tudományos gyógyító megerősítések

Az elme helyes irányítása 66
Megerősítés az akarat erejével 68
Megerősítések Bölcsességhez 69
Rövid megerősítések 73
Az anyagi siker tudatalatti, tudatos és
szupertudatos törvényei 74
Megerősítés Anyagi Sikerhez 76
Rövid Megerősítések 78
A lelki tudatlanság felszámolása 79
Megerősítések a Szellemi (Spirituális) Sikerhez 80
Rövid Megerősítések 81
Megerősítések a Lelki (Pszichológiai) Sikerhez 82
Összetett módszerek 84
A látás javítása 84
Megerősítések a szem gyógyítására 85
Gyomorgyakorlat 87
Gyakorlat a fogak erősítésére 88
A belső éden 88
A szex kontroll módszerei 89
Megerősítések a tisztaság és erény elérésére 90
A rossz szokások gyógyítása 91
Megerősítés a Szabadságért 93
Rövid Megerősítések 94
Imádságok az Isteni Atyához 94

A szerzőről 97

Paramahansza Jógánanda: életében és
  halálában is jógi 100
Imádságok Isteni Gyógyulásért 103
Paramahansza Jógánanda Krijá-Jóga Tantásainak
  További Forrásai 105
A Self-Realization Fellowship céljai és törekvései 106
További források 109

I. RÉSZ

A GYÓGYÍTÁS ELMÉLETE

1
MIÉRT MŰKÖDNEK A MEGERŐSÍTÉSEK

Az ember szava az emberben lévő szellem. A kimondott szavak a gondolatok rezgése által létrehozott hangok, a gondolatok pedig az ego vagy a lélek által kibocsátott rezgések. Minden kimondott szót a lélek rezgésének kell áthatnia. Ha nem hatja át lelki erő, az ember szava élettelen marad. A bőbeszédűség, a túlzás vagy a hazugság olyan hatástalanná teszi a szavakat, mintha játékpuskából kilőtt papírlövedékek lennének. A szószátyár vagy pontatlan ember beszéde és imája csekély valószínűséggel idéz elő jótékony változásokat a dolgok rendjében. Az ember szavának nemcsak az igazságot kell tükröznie, hanem a dolgok pontos megértését, felfogását is. A lélek erejét nélkülöző beszéd olyan, mint a magok nélküli kukoricacsuhé.

Tudományos gyógyító megerősítések

Lelki Erő az Ember Szavában

Az őszinteséggel, meggyőződéssel, hittel és intuícióval átitatott szavak robbanékony rezgés-bombákként működnek, amelyek, amint kimondjuk azokat, megrengetik a nehézségek szikláit, és létrehozzák a kívánt változást. A csúnya, bántó szavak használatát akkor is kerüld, ha igazak. A megértéssel, átérzéssel és szándékosan ismételt őszinte szavak és megerősítések bizonyosan arra indítják a Mindenütt Jelenlévő Kozmikus Rezgési Erőt, hogy a nehézségek közepette a segítségedre siessen. Fordulj bizalommal, minden kétségedet félretéve ehhez az Erőhöz; különben a figyelmed nyila célt téveszthet.

Ha már elvetetted a Kozmikus Tudat talajába a saját rezgő imádság-magodat, ne húzogasd ki túl gyakran, hogy megnézd, vajon megeredt-e. Add meg az isteni erőknek a zavartalan munka lehetőségét.

Az Ember Isten-Adta Ereje

Semmi sem hatalmasabb a Kozmikus Tudatnál vagy Istennél. Az Ő ereje messze meghaladja az emberi elme erejét. Csak az Ő segítségét kérd. Ez azonban nem jelenti azt, hogy passzívvá, tétlenné vagy hiszékennyé kellene válnod; vagy hogy minimálisra kellene csökkentened a saját elméd erejét. Az Úr azoknak segít, akik segítenek magukon. Tőle kaptad az akaraterőt, az összpontosítást, a hitet, a logikát és a józan észt, hogy használd azokat, amikor meg akarsz szabadulni a testi és mentális megpróbáltatásoktól; mindezeket az erőket be kell vetned, miközben párhuzamosan Ő hozzá folyamodsz.

Amikor imákat vagy megerősítéseket mondasz, mindig higgy benne, hogy a *saját*, de *Istentől kapott* erőidet használod önmagad vagy mások gyógyítására. Kérd a segítségét, de közben tudd, hogy te magad – az Ő szeretett gyermekeként – a Tőle kapott akaratbeli, érzelmi és észbeli képességeket veted be az élet minden nehézsége ellen. Meg kell találni az egyensúlyt a „teljességgel Istenre hagyatkozni" középkori elképzelés és a mai kor „kizárólag az egóra támaszkodni" hozzáállás között.

AZ AKARAT, AZ ÉRZÉS ÉS AZ ÉRTELEM
HASZNÁLATA

A különböző megerősítések ismétlésével mentális beállítottságunknak is változnia kell; az akarat-megerősítéseket például erős elhatározás kíséri, az érzés-megerősítéseket odaadás, a mentális-megerősítéseket pedig a tiszta megértés.

Mások gyógyítása során olyan megerősítést válassz, amely illik az adott páciensed akarati, képzeleti, érzelmi vagy gondolati temperamentumához. Minden megerősítés esetében a figyelem intenzitása a legfontosabb, de a folyamatosság és az ismétlés is sokat jelent. Erőteljesen és ismételten itasd át a megerősítéseidet odaadással, akarattal és hittel, és ne gondolj az eredményekre, melyek természetesen jelentkeznek munkád gyümölcseként.

A fizikai gyógyítási folyamat során nem szabad a betegségre figyelni – nehogy megtörjön az ember hite – hanem csakis az elme végtelen erejére. Miközben mentálisan legyőzzük a félelmet, a haragot, a rossz tulajdonságokat és így tovább, mindvégig az ellentétes minőségekre kell összpontosítanunk – vagyis a félelem gyógyírja a tudatosság; a haragé a békesség; a gyengeségé az erő; a betegségé pedig az egészség.

Mentális Felelősség a Krónikus Betegségekért

A gyógyítást megkísérelve az ember gyakran jobban koncentrál a betegség szorongató erejére, mint a gyógyulás lehetőségére, és ezzel megengedi, hogy a betegség egyszerre mentális és fizikai szokássá váljon. Ez különösen érvényes a legtöbb ideges lelkiállapotra. A lehangoltság vagy a boldogság, az ingerlékenység vagy a nyugalom minden egyes gondolata finom barázdákat vág az agysejtekbe, és erősíti a betegségre vagy a jó közérzetre irányuló hajlamot.

A betegség vagy egészség tudat alatt beidegződött fogalma erős befolyásoló tényező. A makacs mentális vagy fizikai betegségeknek mindig van egy mélyen a tudatalattiba nyúló gyökere. A betegség megszüntethető az által, ha a rejtett gyökereit kihúzzuk. Ez az oka annak, hogy a tudatos elme minden megerősítésének *elég erős benyomást* kell tennie ahhoz, hogy behatolhasson a tudatalattiba, amely ugyanakkor automatikusan visszahat a tudatos elmére. Az erőteljes tudatos megerősítések tehát a tudatalatti közvetítésével hatnak az elmére és a testre. Az ennél is erősebb megerősítések nemcsak a tudatalatti, hanem a szupertudatos elmét – a varázslatos erők mágikus tárházát – is elérik.

Az Igazságot mindig készségesen, szabadon, okosan

és odaadóan kell kijelenteni. Nem szabad hagyni, hogy a figyelmünk ellankadjon. A figyelmünket mindig tereljük vissza az adott célra, mint az elcsavargó gyereket, és ismételten és türelemmel tanítsuk meg a kijelölt feladat elvégzésére.

A FIGYELEM ÉS A HIT ELENGEDHETETLEN

Ahhoz, hogy elérhesse a szupertudatosságot, a megerősítésnek mentesnek kell lennie minden bizonytalanságtól és kételytől. A figyelem és a hit fénye még a nem tökéletesen megértett megerősítést is elvezeti a tudatalatti és a szupertudatos elméhez.

A türelem és a figyelmes, intelligens ismétlés csodát művel. A krónikus mentális vagy testi nyomorúságokat gyógyító megerősítéseket gyakran, mélyen és folyamatosan (az esetleges változatlan, vagy a kívántakkal ellentétes állapotokat figyelmen kívül hagyva) kell ismételgetni, amíg az ember mélységes intuitív meggyőződéseinek részévé nem válnak. Ha már meg kell halni, jobb a tökéletes egészség meggyőződésében meghalni, mint azzal a gondolattal, hogy az adott mentális vagy fizikai betegség gyógyíthatatlan.

Bár a jelenlegi emberi tudás szerint a test szükség szerinti végét a halál jelzi, azt a bizonyos „kijelölt órát" a lélek ereje módosíthatja.

2
Az Életenergia Idézi Elő a Gyógyulást

Az Úr Jézus ezt mondta: „"Nemcsak kenyérrel él az ember, hanem minden igével, amely Isten szájából származik"[1]

Az „ige" az életenergia vagy kozmikus rezgés. Az „Isten szája" pedig a medulla oblongáta, a nyúltvelő az agy hátulsó részén, amely fokozatosan vékonyodva jut a gerincvelőbe. Ez – az emberi test legélőbb része – az isteni bejárat („Isten szája") az „ige" vagy életenergia számára, amely az embert életben tartja. A hindu és keresztény szentiratokban az Igét *Aum*-nak illetve *Ámen*-nek nevezik.

---

[1] Máté 4:4 ld. János1:1Kezdetben vala az Ige, és az Ige vala az Istennél, és Isten vala az Ige.

Egyedül ez az a Tökéletes Erő, ami gyógyít; a serkentés minden külső módszere csak együttműködik az életenergiával, anélkül hatástalan lenne.

VÉRMÉRSÉKLETNEK MEGFELELŐ GYÓGYMÓD

Az orvosság, a masszázs, a gerinc-kiegyenlítés vagy az elektromos kezelések, a vér kemizációja vagy fiziológiai serkentés révén segíthetnek visszaállítani a sejtek egykor harmonikus állapotát. Olyan külső módszerek ezek, amelyek néha segítik az életenergiát a gyógyulás előidézése során; az élettelen testre azonban, amelyből már eltűnt az életenergia, nincsenek hatással.

Az egyén sajátos, jellemző természetének megfelelően – nagy képzelőerejű, intellektuális, törekvő, érzelmes, erős akaratú vagy igyekvő – alkalmazható a képzelet, a logika, a hit, az érzelmek, az akarat vagy az erőfeszítés. Ezt kevesen tudják. Coué az önszuggeszció fontosságát hangsúlyozta[2], egy intellektuális beállítottságú személy azonban nem fogékony a szuggesztióra, és csak a tudatnak a test felett gyakorolt erejére vonatkozó metafizikai érvekkel lehet hatást gyakorolni rá. Meg kell értenie a mentális erő miértjeit és okait. Ha például felismeri, hogy hipnózis hatására vízhólyagok keletkezhetnek az ember bőrén, amint arra William James a *Principles of Psychology* című munkájában rámutat, akkor ugyanúgy azt is megérti, hogy az elme ereje képes a betegségek gyógyítására is. Ha az elme képes előidézni a betegséget, akkor meg is tudja gyógyítani. Az elme ereje alakította ki a különböző testrészeket; az elme felügyeli a testi sejtek működését, és képes megújítani azokat.

Az önszuggesztió a jellegzetesen erős akaraterővel rendelkező személyekre is hatástalan. Az ilyen egyéneket

---

2 Coué pszichoterápiája elsősorban a képzeleten alapult, nem az akaraton. Olyan állításokat alkalmazott, mint „nap mint nap és minden szempontból jobban és jobban vagyok", és ezt újra és újra ismételve az elme ezekre az állításokra vált fogékonnyá, nem pedig a szomorúságra és a betegségre.

olyan megerősítésekkel lehet meggyógyítani, amelyek nem a képzeletükre, hanem az akaratukra hatnak. Az önszuggeszció viszont nagyon hasznos azoknál, akik alapvetően érzelmi beállítottságúak.

Az Érzelem és az Akarat Ereje

Feljegyezték egy olyan érzelmi beállítottságú személy esetét, aki elveszítette a beszédkészségét, de később, miközben éppen egy égő épületből menekült, visszanyerte azt. A lángok látványa okozta hirtelen sokk miatt azt kiáltotta: – Tűz van! Tűz van! – mivel „elfelejtette", hogy addig nem tudott beszélni. Az erős érzelemhullám legyőzte tudatalatti betegség-szokását. A történet jó példa az intenzív figyelem gyógyító erejére.

Az első gőzhajón megtett utamon – éppen Indiából utaztam Ceylonba – hirtelen, rohamszerűen tört rám a tengeribetegség, és ennek következtében teljesen elvesztettem gyomrom értékes tartalmát. Nagyon sajnáltam,

Az Életenergia Idézi Elő a Gyógyulást

hogy ezt kellett átélnem; amikor éppen élveztem az első élményeimet egy vízen úszó szobában (a kabinomban), egy egész úszó faluban. Elhatároztam, hogy ez soha többé nem fordulhat elő velem. Előre léptem a lábammal és szilárdan megálltam a kabinomban, majd megparancsoltam az akaratomnak, hogy soha többé ne fogadja be a tengeribetegség megtapasztalását. Később, bár egy egész hónapot a vízen töltöttem Japánba utazva, majd vissza Indiába, majd ötven napon át hajóztam Kalkuttából Bostonba, a Seattle-Alaszka és Alaszka-Seattle utam pedig huszonhat napig tartott, soha többé nem vett erőt rajtam a tengeribetegség.

Az Életenergia Serkentése

Az akarat, a képzelet, a logika vagy az érzelmi erő önmagukban nem képesek fizikai gyógyulást előidézni. Ezek mind csak olyan tényezők, amelyek, az adott személyek eltérő vérmérsékletének megfelelően, a betegség gyógyítására serkenthetik az életenergiát. Ha a kar

Tudományos gyógyító megerősítések

lebénulása esetén például az akaratot vagy a képzeletet folyamatosan stimulálják, az életenergia hirtelen beáramolhat a megbetegedett idegszövetekbe, amitől a kar meggyógyulhat.

A megerősítéseket határozottan és folyamatosan kell ismételni, hogy az akarat vagy logika vagy érzelem ereje elegendő legyen ahhoz, hogy stimulálja az inaktív életenergiát, és visszaterelje azt a megfelelő csatornákba. Soha nem szabad lekicsinyelni az *ismételt, egyre mélyülő* erőfeszítések fontosságát.

Az ültetés sikere mindig két dolgon múlik: a mag potenciálján és a talaj megfelelőségén. A betegségek gyógyításánál is hasonlóképpen működik a dolog. Ezek a létfontosságú tényezők ebben az esetben a gyógyító ereje és a páciens befogadóképessége.

„Isteni erő (azaz gyógyító erő) áradott vala ki belőle", és „a te hited megtartott téged"[3] Az ilyen bibliai

---

3 Márk 5:30, 34

Az Életenergia Idézi Elő a Gyógyulást

kijelentések azt mutatják, hogy mind a gyógyító ereje, mind a beteg ember hite szükséges a gyógyuláshoz.

A nagy gyógyítók, az isteni felismerés emberei nem véletlenszerűen gyógyítanak, hanem egzakt tudásuk révén. Az életenergia irányítását teljes mértékben elsajátítva serkentő áramot vetítenek a páciensbe, amely harmonizálja az ő saját életenergia-áramlását. A gyógyítás során konkrétan látják, amint a Természet pszichofizikai törvényei munkálkodni kezdenek a beteg ember szöveteiben, és meghozzák számára a gyógyulást.

Az alacsonyabb spirituális képességekkel rendelkező emberek is meg tudják gyógyítani magukat vagy másokat azáltal, hogy vizualizálják és irányítják az adott testrészbe áramló életenergiát.

Fizikai, mentális és spirituális betegségek esetén is előfordulnak azonnali gyógyítások. A hosszú idő óta felhalmozódott sötétséget a beengedett fény képes azonnal eloszlatni, nem pedig a sötétség kiűzésére irányuló egyéb próbálkozások. Az ember nem tudhatja, hogy mikor fog

Tudományos gyógyító megerősítések

meggyógyulni, tehát ne próbálj konkrét határidőt szabni a gyógyulásodnak. A hit, nem pedig az idő határozza meg a pillanatot, amikor a gyógyulás megtörténik. Az eredmény az életenergia megfelelő felébresztésétől és az adott személy tudatos és tudat alatti állapotától függ. A hitetlenség lebénítja az életenergiát és akadályozza ennek az isteni orvosnak, testépítőnek és mesterkőművesnek a tökéletes munkálkodását.

Erőfeszítés és figyelem kell ahhoz, hogy elérjük a hitnek, az akaraterőnek vagy képzeletnek azt a fokát, amely automatikusan gyógyításra sarkallja az életenergiát. Az eredményekkel kapcsolatos vágyak vagy elvárások visszavetik az igaz hit erejét. Az életenergia alvó vagy működésképtelen állapotban marad az akarat és a hit bevetése nélkül.

A krónikus betegségben szenvedő páciens legyengült akarat-, hitbéli- vagy képzelőerejét időbe telik feléleszteni, mert az agysejtjeit már finoman behálózzák a betegség gondolatainak barázdái. Ahogy hosszú időbe

Az Életenergia Idézi Elő a Gyógyulást

telhet egy rossz szokás vagy betegségtudat kialakítása, ugyanúgy idő kell egy jó szokás vagy az egészségtudat meggyökereztetéséhez is.

Ha kijelented, hogy jól vagy, de közben, az elméd egy hátsó zugában úgy gondolod, hogy ez nem igaz, annak éppen olyan a hatása, mintha bevennél egy hatékony és jó gyógyszert, de vele egyszerre lenyelnél egy olyan pirulát is, amely a gyógyszer hatása ellen dolgozik. Ha a gondolatot használod gyógyszerként, oda kell figyelned arra is, hogy ne semlegesítsd a helyes gondolataidat helytelenekkel. Ahhoz, hogy aktív és sikeres légy, a gondolatot olyan akaraterőnek kell áthatnia, amely ellenállóvá teszi minden ellentétes gondolattal szemben.

A Megerősítés Ereje az Igazságban Rejlik

A gondolatokat meg kell érteni és helyesen kell alkalmazni ahhoz, hogy hatékonyan működhessenek. Az elképzelések először nyers vagy emésztetlen formában jelennek meg az elmében; mély elmélyüléssel magadévá kell tenni azokat. A lelki meggyőződést nélkülöző gondolat mögött nem találunk értéket. Ezért van az, hogy azok, akik úgy használják a megerősítéseket, hogy nem értették meg az azok alapjául szolgáló igazságot – ember és Isten szétválaszthatatlan egységét – nem érnek el jó eredményeket, és arról panaszkodnak, hogy a gondolatoknak nincs gyógyító erejük.

3
A Test, az Elme és a Lélek Gyógyítása

Halandóként szemlélve az ember hármas lény. A szenvedés minden formájától meg szeretne szabadulni. Az alábbiakra vágyik:

1. Gyógyulás a testi betegségekből.

2. Gyógyulás az olyan mentális vagy pszichikai betegségekből, mint a félelem, a harag, a rossz szokások, a kudarc tudata, a kezdeményező készség, az önbizalom hiánya, és így tovább.

3. Gyógyulás az olyan spirituális betegségekből, mint a közömbösség, a céltalanság, az intellektuális büszkeség, dogmatizmus, a kételkedés, a létezés anyagi oldalával való megelégedettség, valamint tudatlanság az élet törvényeivel és az ember saját isteni mivoltával kapcsolatban.

Rendkívül fontos, hogy egyenlő hangsúly essen mindhárom fenti betegségcsoport megelőzésére és gyógyítására egyaránt.

A legtöbb ember kizárólag a testi szinten jelentkező diszharmónia visszaállítására összpontosít, mert az anynyira kézzelfogható és nyilvánvaló. Nem ismerik fel, hogy valójában a szorongás, az önzés stb. által okozott mentális zavarok, valamint az élet isteni értelmével szembeni spirituális vakságuk az oka minden emberi szenvedésüknek.

Amikor az ember kiűzi magából a félelem, a düh, az intolerancia mentális baktériumait, és megszabadítja a lelkét a tudatlanság béklyóitól, attól kezdve kevésbé valószínű, hogy fizikai betegségektől vagy mentális hiányosságoktól szenvedjen.

A Fizikai Betegségek Megelőzése

A testi betegségeket úgy lehet elkerülni, ha alávetjük magunkat Isten fizikai törvényeinek.

Ne edd túl magad. A legtöbb ember halálát a mohóság okozza, és az, hogy nem ismeri a megfelelő étkezési szokásokat.

Tartsd be Isten higiéniai törvényeit. Az elme tisztántartásának higiéniája előbbre való, mint a fizikai higiénia, de ez utóbbi is fontos, és nem szabad elhanyagolni. Ne élj azonban olyan szigorú szabályok szerint, hogy a saját megszokott szabályaidtól való legkisebb eltérés is kiborítson.

Úgy előzheted meg a test fizikai öregedését, ha tudod, hogyan őrizheted meg a fizikai energiát, és a Self-Realization Fellowship gyakorlatainak a segítségével kiapadhatatlan mennyiségű élet-árammal látod el a testedet.

Megfelelő étrend segítségével előzd meg az érfalak rugalmatlanná válását.

Ne dolgoztasd agyon a szívedet; a félelem és a harag kimerítik. A Self-Realization módszerének segítségével pihentesd meg a szívedet, és próbálj tartós békés

Tudományos gyógyító megerősítések

lelkiállapotot kialakítani.

Ha azt vesszük, hogy egy összehúzódás alkalmával nagyjából 110 gramm vért pumpál ki a szívünkből a két szívkamra, az egy perc alatt kiáramló vér tömege összesen mintegy 8 kg-ot tesz ki. Ez alapján egyetlen nap alatt tizenkét tonna; egy év alatt pedig körülbelül négyezer tonnányi vér áramlik át a szívünkön. A fenti számok érzékletesen jelzik a szív által végzett hatalmas munka mennyiségét.

Sokan úgy gondolják, hogy a szívizom az elernyedés (diasztolés) fázisában (mely a nap huszonnégy órájából összesen mintegy kilencet tesz ki) pihen. Ez alatt az idő alatt sem pihen azonban igazán, csak felkészül a következő (szisztolés) összehúzódásra. A kamrák összehúzódása által keltett rezgés az elernyedés szakaszában végigfut a szív szövetein, ezért a szív ilyenkor sem pihen.

Az éjjel-nappal erre fordított energiamennyiség természetesen megviseli a szívizomzatot. Ennél fogva a pihenés nagyon értékes lenne a szívizmok számára az egészség fenntartásának szempontjából. A tudatos alváskontroll, illetve az elalvás és ébredés akarattal történő irányítása annak a jóga gyakorlatnak a része, amelynek a segítségével az ember szabályozhatja a saját szívverését. A halál felett akkor vesszük át az irányítást, amikor megtanuljuk tudatosan irányítani a szív mozgását. Az alváskor a testnek nyújtott pihenés és megújult energia csak halvány visszatükröződése annak a csodálatos nyugalomnak és erőnek, amelyet a „tudatos alvás" során nyerhetünk, amikor még a szívünk is megpihen.

Szent Pál azt mondja a Korinthusbeliekhez írt I. levélben "Mindennap készen vagyok meghalni, hiszen büszkeségem vagytok, testvérek, Urunkban, Jézus Krisztusban". 1Kor:15,31. Azaz a szentséges béke, amely a Krisztus-tudat révén jön el, megpihenteti vagy megállítja a szívet. A Biblia több helyen is felfedi, hogy az ősi próféták ismerték azt a nagy igazságot, hogy hogyan pihentethetik meg a szívet a tudományos meditáció vagy az Istenre irányuló áhítat révén.

Tudományos gyógyító megerősítések

1837-ben Indiában egy Sadhu Haridas nevű híres fakírt egy ellenőrzött kísérlet keretein belül a punjabi Ranjit Singh maharadzsa parancsára a föld alá temettek. A jógi negyven napot töltött eltemetve egy folyamatos katonai őrizet alatt álló, fallal körülzárt helyen. Amikor letelt ez az idő, a *durbar* (udvar) számos főméltóságának a jelenlétében exhumálták. Az eseményen részt vett a londoni Sir C. M. Wade ezredes és a környéken lakó több angol úriember is. Sadhu Haridas lélegezni kezdett, és rendben visszatért a normális életműködése. Egy korábbi kísérlet során, amelyet Rajah Dhyan Singh vezetett a kashmiri Jammuban, Sadhu Haridas négy hónapot töltött eltemetve. Mesterien elsajátította a szív irányításának és pihentetésének tudományát.

A MENTÁLIS BETEGSÉGEK MEGELŐZÉSE

Ápold magadban a békét és az istenhitet. Szabadítsd meg az elmédet minden zavaró gondolattól, és szeretettel és örömmel töltsd meg azt. Ismerd fel a mentális gyógyulás elsőbbségét a fizikai gyógyulással szemben. Űzd el a rossz szokásokat, amelyek nyomorúságossá teszik az életet.

A Spirituális Betegségek Megelőzése

Spiritualizáld a testedet a halandóság- és változás tudatának száműzésével. A test materializálódott rezgés, és így is kell felfogni. A betegség, hanyatlás és halál tudatát el kell törölnie a tudományos felismerésnek, hogy mindennek a mélyén ott húzódnak az anyag és a Szellem egyesítő törvényei, és hogy az anyag a Szellemnek (a véges a Végtelennek) a csalóka megtestesülése. Szilárdan higyj benne, hogy az Atya képére teremttettél, és ennélfogva halhatatlan és tökéletes vagy.

Amint azt tudományosan igazolták, még egy anyagi részecske vagy energiahullám is megsemmisíthetetlen; ugyanígy az ember lelke vagy spirituális eszenciája is elpusztíthatatlan. Az anyag változik; a lélek változást hozó tapasztalatokon esik át. A radikális változásokat halálnak nevezik, de a halál vagy egy-egy formai változás nem változtatja meg vagy pusztítja el a spirituális eszenciát.

Különféle koncentrációs és meditációs módszert tanítanak, de a Self-Realization módszerei a leghatékonyabbak. A mindennapi életedben is alkalmazd a koncentráció és meditáció során megtapasztalt békét és kiegyensúlyozottságot. Megpróbáltatást jelentő körülmények között is tartsd fenn az egyensúlyodat. Ne add át magad a viharos érzelmeknek; maradj rendületlen akkor is, ha rosszra fordulnak az események.

A Különböző Gyógymódok Értékelése

A betegséget általában valamilyen külső materiális indítóok következményének tekintik. Kevesen ismerik csak fel, hogy a betegség a belső életerő inaktivitásának az eredményeképpen lép fel. Amikor az életenergiát hordozó sejt vagy szövet komolyan sérül, az életenergia visszahúzódik arról a részről, és ez okozza a zavart. Az orvosság, a masszázs és az elektromosság csak abban segít, hogy úgy stimulálja a sejteket, hogy rávegye az életenergiát, hogy visszatérjen, és folytassa a rendes karbantartási és javítási feladatait.

Nem kell szélsőségessé válnunk, de sajátítsuk el a saját személyes meggyőződésünknek megfelelő gyógyítási módszert. A gyógyszerek és az ételek határozott kémiai hatással vannak a vérre és a szövetekre. Amíg az ember táplálkozik, miért tagadná, hogy orvosságok és egyéb anyagok is hatással lehetnek a testére? Mindezek nagyon hasznosak mindaddig, amíg az anyagtudat elsőbbséget élvez az emberben. Vannak azonban korlátaik, hiszen külsőleg vesszük be azokat. A legjobb módszerek azonban azok, amelyek elősegítik, hogy az életenergia visszatérjen eredeti gyógyító tevékenységéhez.

A gyógyszerek kémiai segítséget nyújthatnak a vérnek és szöveteknek. Az elektromos eszközök is jótékony hatást tehetnek. Sem a gyógyszerek, sem az elektromosság nem szünteti meg azonban a betegséget, csak az életenergiát serkenti vagy csalogatja vissza az elhanyagolt, beteg testrészhez. Ha közvetlenül is képesek vagyunk az életerő „aktiválására" nem szükséges egy idegen elem bevezetése, legyen az gyógyszer vagy elektromosság vagy bármi más.

Az Isteni Törvények Alkalmazása az Anyagra

Viszketésre, kelésekre, vágásokra, stb. jól alkalmazhatók a gyógykenőcsök. Ha eltört a karod vagy a lábad, nem szükséges az életenergiát arra kérni, hogy illessze össze az elmozdult csontokat, amikor egy sebész (aki Isten gyermeke, és ezért képes az Ő eszközeként szolgálni) is helyrehozhatja ezt a szaktudásával és azáltal, hogy Isten törvényeit alkalmazza az anyagra. Ha a mentális erőddel azonnali gyógyulással helyre tudod hozni a törött csontjaidat, tedd meg; nem lenne bölcs dolog azonban addig várni, amíg elsajátítod ezt a képességet.

Böjtöléssel, masszázzsal, gerincmasszázzsal vagy a csigolyák korrigálásával egy csontkovács segítségével, jóga pozíciókkal és így tovább eloszlathatjuk vagy enyhíthetjük a feszültséget az idegekben vagy a csigolyákban, és lehetővé tehetjük az életenergia szabad áramlását.

Vedd Kézbe az Életenergia Irányítását

Mindazonáltal a mentális gyógyítás minden fizikai gyógymód felett áll, mert az akarat, a képzelet, a hit és a logika olyan tudatállapotok, amelyek konkrétan és közvetlenül belülről lépnek fel. Megvan bennük az a mozgatóerő, amely bármely adott feladat elvégzésére serkenti és irányítja az életenergiát.

Az önszuggeszció és a különböző megerősítések hasznosak az életenergia stimulálását tekintve; de mert a gyógyító gyakran anélkül alkalmazza ezeket a tisztán mentális módszereket, hogy tudatosan dolgozna az életenergiával, és ezért nem alakítja ki a fiziológiai kapcsolatot, nem minden esetben ér el eredményt. A gyógyulás akkor biztos, ha a pszichofizikai technikákat az akarat, a hit és a logika erejével kombinálják annak érdekében, hogy az életenergiát irányíthassák, és elérhessék a szupertudatos elmét. A Valóság eme áldásos állapotában az ember megérti az anyag és a Szellem elválaszthatatlan egységét, és megoldja a diszharmónia által előidézett problémákat.

A Self-Realization tanítások megadják a *modus operandit*, az eljárásmódot az akarat igába vonásához annak érdekében, hogy az éppen rezgő életenergia mozgását bármely adott testrészhez irányíthassák. Ennek a módszernek a segítségével az ember határozottan érzi a kozmikus rezgési erő belső áramlását.

4
A TEREMTÉS SAJÁTOSSÁGA

Az anyag úgy, ahogyan általában elképzeljük, nem létezik; az anyag valójában nem más, mint kozmikus illúzió. A káprázat eloszlatásához egy meghatározott módszer szükséges. A drogfüggőt sem lehet egy pillanat alatt kigyógyítani. Az anyagtudat a káprázat törvényén keresztül keríti a hatalmába az embert, és nem lehet egykönnyen megszabadulni tőle. Ahhoz meg kell tanulnia és követnie kell az azzal ellentétes törvényt, az igazság törvényét.

A Szellem a materializálódás számos folyamatán keresztül vált anyaggá, ezért az anyag a maga indító-okából, a Szellemből ered, és nem különbözhet tőle. Az anyag a Szellem részleges kifejeződése, a Végtelen végesként, a Korlátlan korlátosként való megjelenése. Mivel azonban az anyag csak a Szellem megtévesztő, csalóka megnyilvánulása, az anyag mint olyan, önmagában nem létezik.

TUDAT ÉS ANYAG

A teremtés kezdetén az addig meg nem nyilvánult Szellem két jelleget vetített ki – az egyik a tudat, a másik pedig az anyag. Mindkettő az Ő két rezgésbeli kifejeződése. Míg a tudat a Szellem finomabb, az anyag ugyanannak a transzcendentális Szellemnek a durvább rezgése.

A tudat az Ő szubjektív aspektusának a rezgése, míg az anyag az objektív aspektusáé. A Szellem mint Kozmikus Tudat potenciálisan benne rejlik az objektív rezgésű anyagban, szubjektíven pedig megmutatkozik a teremtés minden formájában jelenlévő tudatként, melynek során az emberi elmében éri el a legmagasabb kifejeződését a gondolatok, érzések, az akarat és a képzelet számtalan leágazásával.

A Teremtés Sajátossága

Az anyag és a Szellem közötti különbséget a rezgés gyorsasága okozza – ez pedig fokozatbeli, és nem jellegbeli különbség. Az alábbi példa segíthet megérteni mindezt. Bár a minőséget tekintve minden rezgés egyforma, a másodpercenként 16-20 ezer ciklus közötti rezgések túl gyorsak ahhoz, hogy az emberi fül számára hallható hangot adjanak, a 16 ezer ciklus alatti vagy 20 ezer ciklus feletti rezgések azonban általában nem hallhatók. Bár a hallható és nem hallható rezgések között lényeges különbség nincs, az eltérés a rezgés frekvenciájában van.

A *májá* vagy kozmikus illúzió révén a Teremtő olyan határozott és jellegzetes módon jelenítette meg az anyagot, hogy az az emberi elme számára úgy tűnhet, hogy semmiféle módon nem kapcsolódik a Szellemhez.

A GONDOLAT A LEGFINOMABB REZGÉS

A hús durva rezgésén belül ott van a kozmikus áramlás, az életenergia finom rezgése is; mind a húst, mind az életenergiát átjárva pedig ott van a legfinomabb rezgés, amely a tudat rezgése.

A tudat rezgései annyira finomak, hogy semmilyen anyagi eszközzel nem mutathatók ki; csak a tudat foghatja fel a tudatot. Az emberi lények tudatában vannak a többi emberi lényből kiáramló sokmilliárdnyi tudati rezgésnek, melyeket szavakkal, tettekkel, tekintettel, gesztusokkal, csenddel, beállítottsággal és így tovább fejeznek ki.

Minden egyes embernek a saját tudati állapotára jellemző „rezgésaláírása" van, és jellegzetes hatást bocsát ki az emberekre és a dolgokra. Azt a szobát például, ahol egy adott ember lakik, átjárják az ő gondolati rezgései.

Ezeket határozottan érzékelhetik azok az emberek, akikben megvan az ehhez szükséges mértékű érzékenység.

Az emberi ego (az én-ség érzete; a halhatatlan lélek torz, halandó tükröződése) közvetlenül észleli a tudatot; közvetetten pedig, mentális folyamatok és érzékszervei

A Teremtés Sajátossága

révén észleli az anyagot is (az emberi testet és a teremtés egyéb objektumait). Vagyis az ego mindig tisztában van azzal, hogy rendelkezik a tudatossággal, az anyagnak azonban nincs tudatában – még az általa lakott testnek sem -, amíg nem gondol rá. Ennél fogva az az ember, aki mélyen koncentrál valamire – bármire – tudatában van a saját elméjének, de a testének nem.

Az Ember Álombeli Tapasztalatai

Minden az ember éber állapotában megtapasztalt élménye megismétlődhet álom-állapotban. Amikor alszik, az ember vidáman sétálhat egy csodaszép kertben, majd egyszerre egy barátja holttestét láthatja. Lesújtja a gyász, folynak a könnyei, fejfájás gyötri, és érzi, hogy fájdalmasan ver a szíve. Lehetséges, hogy ekkor hirtelen vihar kerekedik, és ő elázik és fázni kezd. Majd felébred, és nevet egy jót az illuzórikus álombeli tapasztalatain.

Mi a különbség egy álmodó ember tapasztalatai (az

anyag tapasztalatai, amint a saját és a barátja testében, a kert megjelenésében stb. megnyilvánulnak); és a tudat tapasztalatai, miként azok az örömteli és szomorú érzésekben kifejeződnek) és ugyanennek az embernek az ébrenlét állapotában átélt élményei között? Mindkét esetben ott van az anyagra és a tudatra vonatkozó tudatosság.

Az ember képes megteremteni mind az anyagot, mind a tudatot is egy nem valódi álomvilágban. Ennél fogva nem lehet nehéz felismernie, hogy a Szellem, a *májá* erejét használva, megteremtette az ember számára az „élet" álomvilágát vagy a tudatos létezést, mely lényegében ugyanolyan hamis (lévén múló és folyamatosan változó) mint az ember álom állapotban átélt tapasztalásai.

MÁJÁ VAGY KOZMIKUS KÁPRÁZAT

A jelenségek világa felett a *májá*, a dualitás vagy az

A Teremtés Sajátossága

ellentétes állapotok törvénye uralkodik. Ennél fogva nem valóságos világ az, mely elfátyolozza az Isteni Egység és Változhatatlanság igazságát. Az ember a maga halandó mivoltában dualitásokról és ellentétekről álmodik – életről és halálról, egészségről és betegségről, boldogságról és szomorúságról; amikor azonban felébred a lelki tudatosságban, minden dualitás eltűnik, és az örök és üdvözült Szellemként ismer magára.

MIRE VAN SZÜKSÉGE A MEGTÉVEDT EMBERISÉGNEK

A megtévedt emberiség számára mind az orvosi, mind a mentális segítség fontos. A mentális segítség anyagival szembeni elsőbbsége tagadhatatlan, de ugyanígy megkérdőjelezhetetlen az ételek és gyógynövények, valamint a gyógyszerek korlátozottabb gyógyító ereje. A mentális módszerek alkalmazásakor sem kell megvetni a gyógyítás minden fizikai rendszerét, mert ez utóbbiak abból adódnak, hogy az ember kifürkészte Isten anyagi

Tudományos gyógyító megerősítések

törvényeit.

Amíg az embernek a testére vonatkozó anyagtudata fennáll, nem szükséges teljesen eltekinteni a gyógyszerektől; amint azonban a megértése kiterjed a hús anyagtalan eredetére, megszűnik a gyógyszerek gyógyító erejébe vetett hite: megérti, hogy minden betegség gyökere az elmében keresendő.

„A Bölcsesség a Legnagyobb Tisztító"

Mesterem, Szvámi Sri Yukteswardzsi soha nem beszélt a gyógyszerek haszontalanságáról. Mégis úgy képezte és fejlesztette számos tanítványa tudatát, hogy ha betegek voltak, csakis az elme erejével gyógyították magukat. Gyakran mondogatta, hogy „a bölcsesség a legnagyobb tisztító".

Keleten és Nyugaton is vannak olyanok, akik fanatikusan tagadják az anyag létezését, miközben még mindig annyira elmerülnek a hús tudatosságában, hogy éheznek, ha csak egyetlen étkezést is kihagynak.

A felismerésnek az az állapota, amikor test és elme, halál és élet, betegség és egészség mind *egyaránt megtévesztően* jelenik meg, azaz illúzió, valójában akkor állíthatjuk, hogy nem hiszünk az anyag létezésében.

EMBERI ÉS ISTENI TUDAT

A *májának* és annak köszönhetően, hogy az ember következetesen nem vesz tudomást a saját lelkéről, az emberi tudat elszigetelődik a Kozmikus Tudattól. Az emberi elme változásnak és korlátoknak van kitéve, a Kozmikus Tudat azonban mentes minden korláttól, és soha nem vesz részt a dualitás (halál és élet, betegség és egészség, múlandó bánat és múlandó öröm, és így tovább) megtapasztalásában. Az Isteni Elmében folyamatosan jelen van az Üdvösség változatlan észlelése.

Az emberi tudat felszabadítása folyamatának a lényege az elme tanulással, megerősítésekkel,

Tudományos gyógyító megerősítések

koncentrációval és meditációval való képzése, hogy elfordítsa a figyelmét a gondolatok és érzelmek ingadozó hullámzásával együttjáró durva testi rezgésekről, és ráérezzen az életenergia és a magasabb tudatállapotok finomabb, stabil rezgéseire.

HAGYATKOZZ A BENNED REJLŐ ISTENI ERŐRE

Az erős anyagtudattal rendelkező embereket, vagyis azokat, akik megszokták, hogy a fizikai testükként gondolnak az „énjükre", fokozatosan le kell szoktatni a gyógyszerektől és egyéb segédanyagoktól való függésről, és meg kell tanítani nekik, hogyan hagyatkozhatnak egyre inkább a bennük meglévő Isteni Erőre.

II. RÉSZ

A GYÓGYÍTÁS GYAKORLATA

5
A Megerősítés Technikája

Előzetes Szabályok

1. Úgy ülj, hogy Északra vagy Keletre nézz. A legjobb egy egyenes támlájú, egyszerű, karfa nélküli széken végezni a gyakorlatot, amely le van takarva egy gyapjú takaróval. A takaró szigetelésként szolgál a mágneses földhullámokkal szemben, amelyek hajlamosak anyagi észlelésekkel lekötni az elmét. (Lásd a következő oldalakon lévő képeken.)

2. Hunyd be a szemed, és koncentrálj a medulla oblongata-ra (nyúltvelődre a nyakad hátsó részén), ha az adott feladat másképpen nem rendelkezik. A gerincedet tartsd függőlegesen, tárd ki a mellkasodat, a hasadat húzd be. Végy egy mély lélegzetet, majd fújd ki a levegőt.

Tudományos gyógyító megerősítések

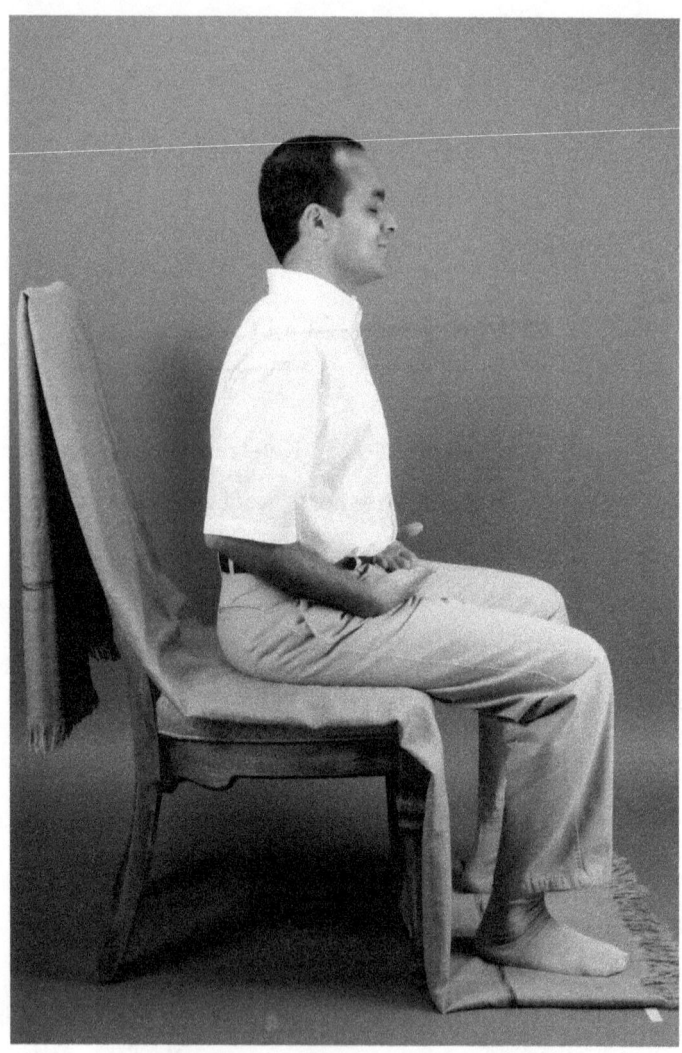

Meditációs testtartás széken ülve

A Megerősítés Technikája

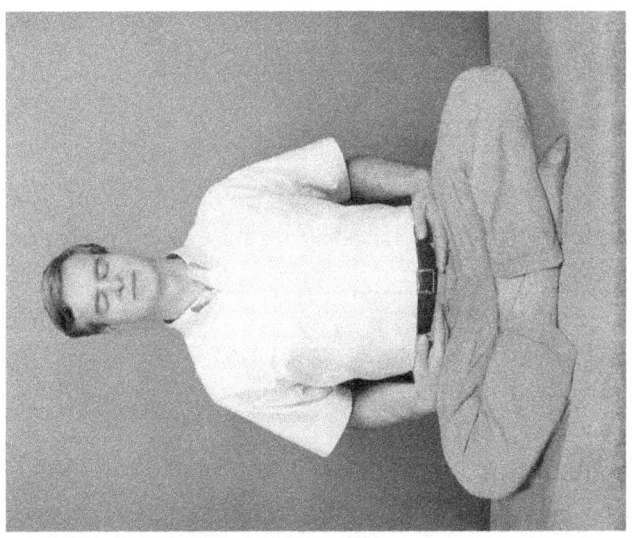

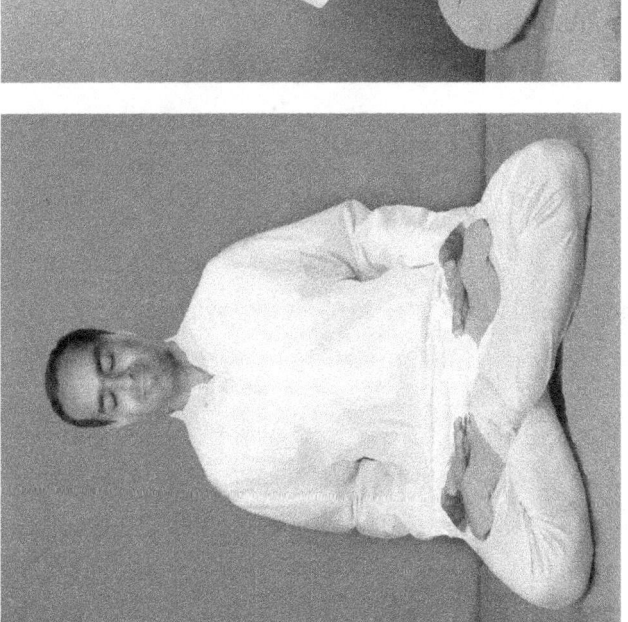

Meditációs testtartás: lótuszülésben (*balra*) és törökülésben (*jobbra*)

Tudományos gyógyító megerősítések

Ismételd el ugyanezt még kétszer.

3. Lazítsd el a testedet, és maradj mozdulatlan. Üríts ki elmédből minden nyugtalan gondolatot, és vond el a figyelmedet a testi érzékelésektől, a hidegtől és melegtől, a hangoktól, és így tovább.

4. Ne gondolj arra az adott típusú gyógyításra, amelyre szükséged van.

5. Oszlass el magadban minden szorongást, bizalmatlanságot és aggodalmat. Nyugodtan és bizalommal ismerd fel, hogy az Isteni Törvény működik, és mindenható. Ne engedd meg magadnak a kétkedést vagy a hitetlenkedést. A hit és a koncentráció teszi lehetővé a törvény akadálytalan működését. Gondolj arra, hogy minden testi állapot változó és gyógyítható, és hogy a krónikus betegség gondolata káprázat.

Idő: A megerősítéseket a legjobb reggel, közvetlenül ébredés után, vagy este, már álmosan, elalvás előtt elmondani. A csoportos gyakorláshoz bármilyen időpont megfelelő.

A Megerősítés Technikája

Hely: Amennyire lehet, csendes környezetet keress. Ha az összejövetelt zajos helyen kell tartanotok, ne vegyetek tudomást a hangokról, és végezzétek odaadóan a gyakorlatot.

Módszer: A megerősítések előtt mindig szabadítsd meg az elmédet a szorongástól és nyugtalanságtól. Válaszd ki a megerősítést, majd ismételd el az egészet, először hangosan, majd lágyan és lassabban, amíg a hangod suttogássá nem halkul. Majd fokozatosan csak az elmédben ismételd a megerősítést anélkül, hogy mozgatnád a nyelvedet vagy az ajkaidat, amíg úgy nem érzed, hogy elérted a mély, töretlen koncentráció állapotát – nem a tudattalanságét, hanem a megszakítás nélküli gondolat mélységes folytonosságát.

Ha folytatod a mentális megerősítést, és még mélyebbre jutsz, egyre növekvő öröm és békesség érzése árad el benned. Mély koncentráció állapotában a megerősítésed egybeolvad a tudatalatti áramlással, hogy aztán később még erőteljesebben térjen vissza, hogy a szokás törvényén keresztül hasson a tudatos elmédre.

A folyamatosan növekvő békesség átélésekor a megerősítés mélyebbre, a szupertudatosság birodalmába jut, hogy onnan az Ő végtelen erejével feltöltekezve térjen vissza, hatással legyen a tudatos elmédre, és valóra váltsa a kívánságaidat. Ne kételkedj, és tanúja leszel eme tudományos tény csodájának.

A saját vagy mások fizikai és mentális betegségeit gyógyító csoportos megerősítések alatt a csoportnak egyenletes hangon, egyenletes mentális erővel, egyenletes koncentrációban és egyenletes hittel és béketudattal kell elmondania a megerősítéseket.

A csoportos megerősítések során a gyengébb elmék gyengítik a megerősítésekből születő egyesült erőt, és el is téríthetik az erőnek ezt az áramlását a szupertudatos célállomástól. Ezért a csoport tagjainak nem szabad mozogniuk, és nem szabad mentálisan nyugtalanná válniuk. A csoport minden tagjának a koncentrációja szükséges a sikerhez.

A csoportos megerősítéseknél a vezető ritmikusan felolvassa a megerősítéseket. Ezt követően a hallgatóság elismétli ugyanazokat a szavakat ugyanabban a ritmusban és hanglejtéssel.

EZEKET A MEGERŐSÍTÉSEKET A LÉLEK INSPIRÁLJA

Az ebben a könyvben található megerősítés-magokat átitatja a lelki inspiráció. A szupertudatos béke talajába kell ültetned, és a hited és koncentrációd vizével kell öntöznöd őket ahhoz, hogy olyan belső, mozgásképes rezgéseket hozz létre, amelyek hatására a magok kicsíráznak.

A megerősítés-mag elvetése és a gyümölcsérés között számos folyamat zajlik. A növekedés minden feltételét meg kell teremtened a kívánt eredmény eléréséhez. A megerősítés-magnak élőnek kell lennie, és mentesnek minden kételytől, nyugtalanságtól vagy

Tudományos gyógyító megerősítések

figyelmetlenségtől; koncentrációval, odaadással és békével kell elvetned az elmédbe és a szívedbe, és mély, friss ismétlésekkel és határtalan hittel kell megöntöznöd.

Mindig kerüld a mechanikus ismétléseket. Ennek az értelmét az alábbi bibliai parancs világosítja meg: "Uradnak, Istenednek a nevét ne vedd hiába, mert az Úr nem hagyja büntetlenül azt, aki a nevét hiába veszi"[1] Határozottan, intenzitással és komolyan ismételd a megerősítéseket, amíg olyan erőt nem nyernek, hogy egyetlen parancs, egyetlen erős belső késztetés elegendő nem lesz ahhoz, hogy megváltoztasd a testi sejtjeidet, és csodatételre indítsd a lelkedet.

A MEGERŐSÍTÉSEK ALKALMAZÁSA A GYAKORLATBAN. A KÁNTÁLÁS FOKOZATAI

Ne feledd, hogy a megerősítéseket a megfelelő, hangos intonációval – de mindenekelőtt figyelemmel és

---

[1] Mózes II. könyve Kiv:20,7

A Megerősítés Technikája

odaadással – kell elmondani, majd suttogássá fojtani. Ily módon az embernek a megerősítések hatékonyságába és igazságába vetett meggyőződése vezeti a gondolatokat a hallásérzékeléstől a tudatos elmébe, majd onnan a tudatalatti vagy automatikus elmébe, onnan pedig a szupertudatos elmébe. Azok, akik hisznek, meg fognak gyógyulni ezeknek a megerősítéseknek a révén.

Az éneklés öt szakasza az alábbi: tudatos hangos éneklés, suttogó éneklés, mentális éneklés, tudatalatti éneklés és szupertudatos éneklés.

OM VAGY ÁMEN, A KOZMIKUS HANG

A tudatalatti éneklés folyamatossá és automatikussá válik. A szupertudatos éneklés akkor következik be, amikor a mély belső éneklő rezgések megvalósulásba fordulnak, és megtelepednek a tudatos, a tudatalatti és a szupertudatos elmében. A szupertudatos éneklés az, amikor a figyelmünket töretlenül a valódi Kozmikus

Tudományos gyógyító megerősítések

Rezgésre (*Om* vagy Ámen), nem pedig egy képzeletbeli hangra összpontosítjuk.

Amikor az éneklés valamely szakaszából átérsz egy másikba, az elméd beállítottságának is változnia kell; elmélyül és még összpontosultabbá válik. A cél az, hogy eggyé kovácsolódjon az éneklő, maga az ének, és az éneklés folyamata. Az elmének be kell lépnie a legmélyebb tudatos állapotba – nem a tudattalanságba vagy a szórakozottságba vagy az alvásba, hanem egy olyan fókuszált koncentrációba, ahol minden gondolat belesüllyed az egyetlen központi gondolatba és eggyé olvad vele, ahogyan a vasreszelék darabkáit vonzza magához egy ellenállhatatlan mágnes.

HÁROM FIZIOLÓGIAI KÖZPONT

Az akarati megerősítések alkalmával a két szemöldököd közötti pontra kell összpontosítanod a figyelmedet; a gondolati megerősítések alatt a medulla oblongátára

A Megerősítés Technikája

(nyúltvelőre)², az áhítatos megerősítések alatt pedig a szívre. A megfelelő időpillanatokban az ember automatikusan ezen fiziológiai területek egyikére irányítja az elméjét; bizonyos érzelmi állapotokban például minden egyéb testrészét háttérbe helyezve érzékeli a szívközpontját. A megerősítések gyakorlásával megtanulhatjuk, hogyan lehet tudatosan az akarat, a gondolat és az érzés éltető forrásaira irányítani a figyelmünket.

Az abszolút, kérdések nélküli Istenhit az azonnali gyógyítás legnagyszerűbb módszere. Az ember legmagasabb és legérdemesebb kötelessége, hogy megállás nélkül ennek a hitnek a felélesztésén fáradozzon.

---

2 A nyúltvelő és a szemöldökök közötti pont valójában az intelligens életerő egy és ugyanazon központjának a pozitív, illetve negatív pólusai. Paramahanszadzsi néha arra kérte vallásos híveit, hogy a szemöldökük közötti területre, néha pedig arra, hogy a nyúltvelőre összpontosítsanak, de a kettő ugyanannak a dolognak a két pólusa. Amikor a szemek sugara a nyugodt koncentráció révén a szemöldökök közötti pontban összpontosul, a két szemből eredő áramlat először arra a pontra irányul a homlokunkon, majd onnan a nyúltvelőnkre. Fénytermészetű, egyetlen asztrális szemünk pedig, a nyúltvelőből odatükröződve, megjelenik a homlokunkon.

6
Tudományos Gyógyító Megerősítések

A könyvben található megerősítéseket használva az istenkereső egyén vagy a csoport vezetője megállás nélkül végigolvashat egy-egy teljes megerősítést, vagy meg-megállhat és elismételhet bizonyos sorokat, amelyeket erre érdemesnek talál.

Megerősítések Általános Gyógyuláshoz

Az érzés, a gondolat és
Az akarat minden oltárán
Te ülsz,
Te ülsz.
Te vagy minden érzés, akarat és gondolat.

Te irányítod azokat
Hadd kövessenek, hadd kövessenek.
Legyenek olyanok, mint Te vagy.

A tudatosság templomában
Ott volt a fény – a Te fényed.
Én nem láttam; most már látom.
A templom fény, a templom egész.
Aludtam és azt álmodtam, hogy a templomot megtörte
A félelem, a szorongás, a tudatlanság.
Aludtam és azt álmodtam, hogy a templomot megtörte
A félelem, a szorongás, a tudatlanság.
Te felébresztettél.
Te felébresztettél.
A Te templomod egész.
A Te templomod egész.
Téged akarlak imádni,
Téged akarlak imádni.

Tudományos gyógyító megerősítések

A szívemben, a csillagban,

A testi sejtben Téged szeretlek;

Az elektronban Veled játszom.

Téged akarlak imádni

Testben, csillagban, csillagporban, csillagködben.

Ott vagy mindenütt; mindenütt

Téged imádlak.

A Te égi akaratod

Mint az én emberi akaratom

Itt ragyog, itt ragyog

Bennem, bennem, bennem, bennem.

Kívánni fogok, akarni fogok,

Dolgozni fogok, gyakorolni fogok.

Nem az egotól, hanem Általad vezetve.

Hanem Általad, Általad vezetve.

Dolgozni fogok, edzem az akaratom;

De az akaratom

Töltekezzen a Te saját akaratodból, a Te saját akaratodból.

Tudományos Gyógyító Megerősítések

Tégy minket kisdedekké, Ó, Atyám,
Ahogyan a Te királyságodban vannak.
A Te szereteted a tökéletesség mibennünk.
Ahogy Te egész vagy, úgy vagyunk mi is egészek.
Testben és elmében egészségesek vagyunk,
Miképpen Te vagy, miképpen Te vagy.
Tökéletes vagy.
Mi a gyermekeid vagyunk.

Mindenütt ott vagy;
Ahol Te vagy, ott van a tökéletesség.
Te ülsz minden sejtemben,
Ott vagy minden testi sejtemben.
Ők egészek; ők tökéletesek.
Ők egészek; ők tökéletesek.
Éreztesd velem, hogy Te ott vagy
Az összesben, az összesben;
Éreztesd velem, hogy Te ott vagy
Mindegyikben, mindegyikben.

Tudományos gyógyító megerősítések

Életem élete, Te egész vagy.

Mindenütt ott vagy;

A szívemben, az agyamban,

A szememben, az arcomban,

A végtagjaimban és mindenben.

Te mozgatod a lábaimat;

Ők egészek; ők teljesek.

A lábikrám, a combom

Egész, teljes, mert Te ott vagy.

A combomat Te tartod,

Különben elesnék, különben elesnék.

Egész, mert Te ott vagy.

Egész, mert Te ott vagy.

Ott vagy a torkomban;

A nyálkahártyámban és a hasamban,

Tőled ragyognak.

Egészek, mert Te ott vagy.

A gerincemben Te szikrázol;

Az egész, az teljes.

Az idegeimben Te áramlasz;
Ők egészek; ők teljesek.
A vénáimban és ereimben
Te áramlasz, Te áramlasz.
Ők egészek; ők teljesek.
Te vagy a tűz a gyomromban;
Te vagy a tűz a beleimben;
Ők egészek; ők teljesek.
Ahogy Te az enyém vagy
Úgy vagyok én a Tiéd.
Tökéletes vagy;
Te én vagyok, Te én vagyok.
Te vagy az én agyam;
Ragyogó, egész,
Egész, egész, egész.

Hadd szárnyaljon a képzeletem;
Hadd szárnyaljon a képzeletem.
Beteg vagyok, ha úgy gondolom;
Jól vagyok, ha úgy gondolom;

Tudományos gyógyító megerősítések

Minden órában, ó, minden nap
Testben, elmében és mindenhogyan
Egész vagyok, én jól vagyok.
Egész vagyok, én jól vagyok.
Álmot láttam, beteg voltam;

Nevetve ébredtem arra, hogy még mindig
Könnyben ázik az arcom,
De az öröm könnyeiben, nem a bánatéban;
Rájöttem, hogy álmodtam a betegséget;
Mert egész vagyok, mert egész vagyok.
Hadd érezzem
Szerető rezgésedet, szerető rezgésedet.
Te vagy az én Atyám,
A gyermeked vagyok.
Legyek jó vagy csintalan,
A gyermeked vagyok.
Hadd érezzem egészséges rezgésedet;
Hadd érezzem bölcsességed akaratát.
Hadd érezzem bölcsességed akaratát.

Rövid Megerősítések

Tökéletes Atya, a Te fényed árad Krisztuson keresztül, minden vallás szentjein keresztül, India mesterein keresztül, és rajtam keresztül. Ez az isteni fény van jelen minden testrészemben. Jól vagyok.

Ó, Tudatos Kozmikus Energia, a Te életed az enyém. Szilárd, folyékony és légnemű táplálék válik és lényegül át energiává Általad és tartja fenn testemet.

Megújulok és megerősödöm a Te életadó energiádtól.

A Szellem gyógyító ereje áramlik át testem minden sejtjén. Az egyetlen univerzális Isten-Lényegből vagyok.

Atyám, te bennem vagy; jól vagyok.

A Te erőd mozgat engem. Jól van a gyomrom, mert ott van a Te gyógyító fényed.

Rádöbbenek, hogy betegségem oka az, hogy megsértettem az egészség törvényeit. Azzal fogom helyrehozni a hibát, hogy helyesen étkezem, testgyakorlást végzek, és helyesen gondolkodom.

Mennyei Atya, Te ott vagy minden atomban, minden sejtben, minden részecskében, minden idegsejtben, az agyban és a szövetekben. Jól vagyok, mert ott vagy minden testrészemben.

Tökéletes isteni egészség hatol be testi betegségem sötét zugaiba. Az Ő gyógyító fénye ragyog minden sejtemben. Sejtjeim teljesen jól vannak, mert az Ő tökéletessége van bennük.

Megerősítés a Gondolat Erejével

A gondolatodat összpontosítsd a homlokodra, majd ismételd az alábbiakat:

Azt képzelem, hogy áramlik bennem az élet,
Tudom, hogy áramlik bennem az élet.
Az agyamtól az egész testemig áramlik.

Fénysugarak lövellnek
Szöveteim gyökeréig.
Az életáram a csigolyákban
permetet szórva rohan a gerincoszlopban;
Mind isznak a kis sejtek;
Parányi szájuk mind fénylik;
Mind isznak a kis sejtek;
Parányi szájuk mind fénylik.

Rövid Megerősítések

Mennyei Atyám, örökké az enyém vagy. Mindenben, ami jó, a Te jelenlétedet imádom. Minden tiszta gondolat ablakán át a Te jóságodra tekintek.

Ó, Atya, a Te végtelen és mindent gyógyító erőd bennem van. Jelenítsd meg a Te fényedet az én tudatlanságom sötétségében. Ahol ez a gyógyító fény jelen van, ott van a tökéletesség. Ezért tökéletesség van bennem.

Mennyei Atya, Te vagy minden érzés, akarat és

gondolat. Te vezesd az érzéseimet, akaratomat és gondolatomat; hadd kövessenek, hadd legyenek olyanok, mint Te vagy.

A tökéletességről szőtt álmaim a hidak, amelyek a tiszta elképzelések birodalmába vezetnek.

Nap mint nap egyre inkább az elmémben, és egyre kevésbé az anyagi élvezetekben keresem a boldogságot.

Isten az én nyughatatlan gondolataim juhásza. Ő vezeti azokat az Ő békességes lakhelyére.

Azzal a gondolattal tisztítom meg elmémet, hogy minden tettemet Isten irányítja.

Az Elme Helyes Irányítása

Kövesd az alább vázolt javaslatokat a megfelelő gondolkodás és mentális tevékenység serkentése érdekében.

1. Olvass jó könyveket, és gondosan emészd

meg tartalmukat, meg a mondanivalójukat.

2. Ha egy órán át olvasol, akkor két órán át írj, és három órán át elmélkedj. Ezt az arányt kell tartanod az elme erejének ápolásához.

3. Inspiráló gondolatokkal foglald le az elmédet. Ne pazarold az idődet negatív gondolkodásra.

4. A lehető legjobb tervet alkalmazd az életedre, amelyet a logika gyakorlásával ki tudsz alakítani.

5. Az elmének a Self-Realization Fellowship tanításaiban körvonalazott törvényeit tanulmányozva pallérozd logikád erejét.

6. Használd az e könyvben bemutatott megerősítéseket, és a lélek erejével ejtsd ki azokat, így fejlesztve elméd erejét. Mind a

régi korok pszichológusai, mind a maiak egyaránt rámutattak, hogy az ember veleszületett intelligenciája végtelen kiterjedésre képes.

7. Tartsd be a fizikai, társas és erkölcsi törvényeket. Ha hiszel abban, hogy egy felsőbbrendű spirituális törvény vezérli azokat, végül minden alsóbbrendű törvény fölé emelkedsz majd, és teljességgel a spirituális törvény fog vezérelni téged.

Megerősítés az Akarat Erejével

Az akaratodat összpontosítsd egyidejűleg a medulla oblongátára (nyúltvelődre) és a szemöldökök közötti pontra, majd – először hangosan, majd fokozatosan a suttogásig halkulva – ismételd a következőket:

Akarom, hogy feltöltsön az életerő –

Isten akaratával töltsön fel –
Minden idegemen és izmomon keresztül,
A szöveteimen, végtagjaimon és mindenen keresztül,
Vibráló, csipkedő tűzzel,
Égő, örömteli erővel.
A véremben és mirigyeimben,
Szuverén parancsommal
mondom, hogy áramolj.
Parancsommal mondom,
mondom, hogy ragyogj.
Parancsommal mondom,
mondom, hogy ragyogj.

Megerősítések Bölcsességhez

Összpontosíts a koponyatető alatti területre, érezve az agyad jelenlétét.

A bölcsesség kamráiban
Barangolsz.

Te vagy bennem az ész és a logika.
Ó, ott barangolsz, és felébresztesz
Minden kis lusta agysejtet,
Hogy fogadják, fogadják
Az elme és az érzékek ajándékait,
A tudást, amit Te adsz.

Gondolkodni fogok, logikusan;
Nem háborgatlak Téged gondolatért;
De Te vezess engem, ha hibás a logika;
Vezess a helyes cél felé.

୭

Ó, Mennyei Atya, Ó, Kozmikus Anya,
Ó, Mesterem, Ó, Isteni Barátom,
Egyedül jöttem, egyedül megyek;
Egyedül Veled, egyedül Veled.
Egyedül Veled, egyedül Veled.

Ó, Te építettél nekem otthont

Élő sejtekből, az én otthonomat.

Ez az én otthonom a Te otthonod;

A Te életed tette otthonommá;

A Te erőd tette otthonommá.

A Te otthonod tökéletes, a Te otthonod tökéletes.

A gyermeked vagyok, Te vagy az én Atyám;

Mi mindketten ott lakunk, mindketten ott lakunk

Ugyanabban a templomban,

A sejtek eme templomában,

Ó, a sejtek eme templomában.

Te mindig itt vagy,

Ó, az én közeli lüktető oltáromon.

Én elmentem, én elmentem;

Hogy a sötétséggel játsszam, hogy a tévedéssel játsszam;

Én elmentem, csavargó gyermek.

Sötét árnyakban jöttem haza,

Az anyag sárfoltjaival jöttem haza.

Tudományos gyógyító megerősítések

Közel vagy; nem látok.
Tökéletes a Te otthonod; nem látom.
Vak vagyok; a Te fényed ott van.
Az én hibám, hogy nem látok.
Ó, az én hibám, hogy nem látok.
A sötétség vonala alatt
Ott világít a Te fényed;
Ott világít a te fényed.

Fény és sötétség együtt
Nem maradhat, nem maradhat.
Bölcsesség és tudatlanság együtt
Nem maradhat, nem maradhat.
Tüntesd el, ó, csalogasd el,
A sötétséget
Az én sötétségemet.

Testi sejtjeim fényből vannak,
Húsvér testem sejtjei Belőled vannak.
Tökéletesek, mert Te tökéletes vagy;

Egészségesek, mert Te vagy az Egészség;
Ők a Szellem, mert Te vagy a Szellem;
Halhatatlanok, mert Te vagy az Élet.

Rövid Megerősítések

Mennyei Atya, a Te kozmikus lényed és én egyek vagyunk. Te vagy az óceán, én vagyok a hullám; egyek vagyunk.

Kérem isteni születési előjogomat, mert ösztönösen érzem, hogy minden bölcsesség és erő máris ott van a lelkemben.

Isten ott van elmém mögött ma és minden nap, és mindig megmutatja nekem, hogyan cselekedjek helyesen.

Isten az emberben lakó Én, és az egész világegyetem egyedüli Élete.

Alámerülök az örök fénybe. Az lényem minden

részecskéjét átjárja. Abban a Fényben élek. Az Isteni Szellem tölt el belül és kívül.

Isten ott van bennem és körülöttem, és vigyáz rám, hogy száműzzem a félelmet, amely kizárja az Ő vezérlő fényét.

Ma az enyém a tökéletes béke és egyensúly, amint minden erőmmel és képességemmel arra összpontosítok, hogy kifejezzem az isteni akaratot.

Az Anyagi Siker Tudatalatti, Tudatos és Szupertudatos Törvényei

Úgy érhetünk el sikert, hogy engedelmeskedünk az isteni és anyagi törvényeknek. Mind az anyagi, mind a spirituális sikert el kell érni. Az anyagi siker az életszükségletek birtoklásából áll.

A pénzkeresettel kapcsolatos ambíciókhoz hozzá kell tartoznia a vágynak, hogy segítsünk másokat. Úgy szerezz pénzt, amennyit csak tudsz, hogy közben valamilyen módon jobbá teszed a közösségedet, az országodat vagy a világot, de soha ne akarj anyagi javakra szert tenni ezek hátrányára.

Az anyagi sikernek és az elme kudarc-beállítottságán való túllépésnek megvannak a tudatalatti, tudatos és szupertudatos törvényei.

A siker tudatalatti törvénye a megerősítések erőteljes és figyelmes ismétlése közvetlenül elalvás előtt és ébredés után. Ne kételkedj; ha valamilyen jogos célt akarsz elérni, űzd el magadtól a kudarc gondolatát. Mivel Isten gyermeke vagy, higgy benne, hogy mindenhez hozzáférhetsz, ami az Övé.

A törvényre vonatkozó tudatlanság és hitetlenség fosztotta meg az embert halhatatlan örökségétől. Az isteni készletek kiaknázáshoz el kell pusztítanod a hibás gondolkodás tudatalatti magjait – mégpedig úgy, hogy kitartóan ismételgeted a végtelen bizalommal átitatott megerősítéseket.

Tudományos gyógyító megerősítések

A siker tudatos törvénye az intelligens tervezés és cselekvés, és hogy minden pillanatban érezd át, hogy Isten segít neked a tervezésben és a megállás nélküli kemény munkában.

A siker szupertudatos törvénye az ember imáján keresztül lép működésbe, valamint azáltal, hogy felfogja az Úr mindenhatóságát. Soha ne állítsd le tudatos erőfeszítéseidet vagy hagyatkozz pusztán a természetes képességeidre, hanem minden cselekedetedhez kérj isteni segítséget.

Ha ezeket a tudatalatti, tudatos és szupertudatos módszereket ötvözöd, biztos a siker. Akárhányszor buksz is el, mindig próbálkozz újra.

Megerősítés Anyagi Sikerhez

Te vagy az én Atyám:
Siker és öröm.
A gyermeked vagyok:

Siker és öröm.

Minden földi gazdagság,
Az univerzum minden kincse
Hozzád tartozik, Hozzád tartozik.
A gyermeked vagyok;
A föld és az univerzum gazdagsága
Hozzám tartozik, hozzám tartozik.
Ó, hozzám tartozik, hozzám tartozik.

Szegénység-gondolatokban éltem
És tévesen szegénynek képzeltem magam.
Ezért szegény voltam.
Most már otthon vagyok. A Te tudatosságod
Tett engem gazdaggá, tett engem tehetőssé.
Sikeres vagyok, gazdag vagyok;
Te vagy az én Kincsem,
Gazdag vagyok, gazdag vagyok.

Te vagy a minden, Te vagy a minden.

Tudományos gyógyító megerősítések

Az enyém vagy.

Mindenem megvan, mindenem megvan.

Gazdag vagyok, tehetős vagyok.

Mindenem megvan, mindenem megvan.

Az enyém minden, minden az enyém,

Mint ahogy a Tiéd, mint ahogy a Tiéd.

Minden az enyém, minden az enyém.

Te vagy az én Gazdagságom,

Mindenem megvan.

Rövid Megerősítések

Tudom, hogy Isten hatalma határtalan; és mivel én az Ő képére teremttettem, bennem is megvan az erő ahhoz, hogy legyőzzek minden akadályt.

Megvan bennem a Szellem teremtő ereje. A Végtelen Intelligencia vezet engem, és megoldja minden problémámat.

Isten az én saját kimeríthetetlen Isteni Bankom.

Mindig gazdag vagyok, mert hozzáférek a Kozmikus Raktárhoz.

Tökéletes hittel lépek be a Mindenható Jóság erejébe, hogy elhozza nekem, amire szükségem van, akkor, amikor szükségem van rá.

Az isteni bőség napfénye éppen most törte át korlátaim sötét egét. Isten gyermeke vagyok. Ami az Övé, az az enyém is.

A Lelki Tudatlanság Felszámolása

A spirituális siker titka az, hogy folyamatosan rá kell hangolódnod a Kozmikus Elmére, és fenn kell tartanod a békét és az egyensúlyt magadban akkor is, ha közben olyan helyrehozhatatlan dolgok érnek az életben, mint akár a rokonaid halála vagy egyéb veszteségek. Amikor a Természet törvénye elválaszt egy szeretett személytől, ne szomorkodj. Inkább köszönd meg alázattal Istennek, hogy egy időre abban a kiváltságban részesített, hogy törődhettél vele és megismerhetted, és hogy rád bízta az Ő egyik gyermekét.

A spirituális siker akkor jön el, ha megérted az élet titkait, és mindenre vidáman és bátran tudsz tekinteni, mert felismered, hogy az események egy csodálatos isteni terv szerint zajlanak.

A tudatlanság betegségének egyetlen ellenszere a tudás.

Megerősítések a Szellemi (Spirituális) Sikerhez

Te vagy a Bölcsesség,

És Te ismered

Minden dolgok okát és végét.

A gyermeked vagyok;

Meg akarom ismerni

Az Élet igaz titkait,

Az Élet igaz, örömteli feladatát.

A Te bölcsességed bennem mindent megmutat, amit Te tudsz.

Rövid Megerősítések

Mennyei Atya, azért van a hangom, hogy a Te dicsőségedet megénekeljem. Azért van a szívem, hogy csakis a Te hívásodra feleljen. Azért van a lelkem, hogy csatorna legyen, amelyen keresztül akadálytalanul áramolhat a Te szereteted minden szomjas lélekbe.

A Te szereteted ereje feszíti keresztre minden kétkedő és félelemmel teli gondolatomat, hogy diadalmasan emelkedhessek a halál fölé a fény szárnyain Hozzád..

Ellazulok és elűzök minden mentális zavart, és hagyom, hogy Isten az Ő tökéletes szeretetén, békességén és bölcsességén keresztül mutatkozzon meg bennem.

Az én Mennyei Atyám a szeretet, és én az Ő képére teremttettem. Én vagyok a szeretet hatalmas gömbje, amelyben ott ragyog minden bolygó, minden csillag, minden lény és minden teremtmény. Én vagyok az egész világegyetemet átitató szeretet.

Mivel szeretetet és jóindulatot sugárzok mások felé, megnyitom a csatornát, hogy Isten szeretete elérhessen hozzám. Az isteni szeretet a mágnes, amely minden jót felém vonz.

Csak akkor tudom elvégezni a kötelességemet, ha kölcsönvettem Istentől a tettek erejét, ezért elsősorban arra vágyom, hogy Neki tetsszem. A szívem első szerelme, a lelkem első törekvése, az akaratom és logikám legelső célpontja csakis Isten.

Megerősítések a Lelki (Pszichológiai) Sikerhez

Bátor vagyok, erős vagyok.
Siker-gondolatok parfümje
Árad bennem, árad bennem.
Higgadt vagyok, nyugodt,
Kedves vagyok, jóságos vagyok,
Én vagyok a szeretet és együttérzés,

Elbűvölő és vonzó vagyok,
Mindennel elégedett vagyok;
Minden könnyet és félelmet elűzök.
Nincs ellenségem.
Mindenki a barátom.
Nem kötnek szokások,
Az étkezésben, gondolkodásban, viselkedésben;
Szabad vagyok, szabad vagyok.

Felkérlek rá, Ó, Figyelem,
Hogy jöjj, hadd gyakoroljam a koncentrációt
A dolgokon, a munkákon, amelyeket végzek.
Mindent el tudok végezni,
Ha úgy gondolom, ha úgy gondolom.

A templomban, amikor imádkozom,
Ellenem gyülekeznek a kósza gondolatok,
És megakadályozzák, hogy elmém eljusson Hozzád,
És megakadályozzák, hogy elmém eljusson Hozzád.
Tanítsd meg nekem, hogyan bírhatnám újra, ó, újra,
Az én elanyagiasodott elmémet és agyamat,

Tudományos gyógyító megerősítések

Hogy Neked adhassam azokat
Az imádságban és elragadtatásban.
A meditációban és elmélyedésben.
Téged foglak imádni
A meditációban és visszavonultságban.
Érezni fogom, amint a Te energiád
Áramlik a kezemben, miközben munkálkodom.
Hogy a henyeségben ne veszítselek el,
Megtalállak a tevékenykedésben.

Összetett Módszerek

Míg a mentális gyógymódoknak az anyagi gyógymódokkal szembeni elsődlegessége tagadhatatlan, a könyvben bemutatok néhány fizikai gyakorlatot is azok számára, akik szeretnék a két módszert együtt alkalmazni.

A Látás Javítása

Behunyt szemmel összpontosíts a medulla oblongátára

Tudományos Gyógyító Megerősítések

(nyúltvelőre), majd érezd, amint a látás ereje a szemedben átáramlik a látóidegen keresztül a retinádba. Fókuszálj egy percen át a retinádra, majd néhányszor nyisd ki és hunyd be a szemedet. A szemgolyódat forgasd felfelé, majd lefelé; majd balra, aztán jobbra. Most mozgasd balról jobbra, majd jobbról balra. Rögzítsd a tekintetedet a szemöldökeid közötti pontra, és képzeld el, amint az életenergia a medulla oblongátából (nyúltvelődből) a szemedhez áramlik, és reflektorrá alakítja azokat. A gyakorlatnak mind fizikai, mind mentális jótékony hatása van.

Megerősítések a Szem Gyógyítására

Megparancsolom,

Ó kék sugarak,

Hogy fussatok végig a látóidegeimen,

És mutassátok meg igazán, mutassátok meg igazán,

Hogy ott van az Ő fénye,

Hogy ott van az Ő fénye.

A szemeimen keresztül

Tudományos gyógyító megerősítések

Les ki Ő,
Les ki Ő;
Ők egészek; ők tökéletesek.
Egy[1] fent és kettő lent;
Három szem, három szem.
Rajtad keresztül, láthatatlan, mily fény szökik,
Rajtad keresztül, láthatatlan, mily fény szökik!

Lótusz szemek, ne sírjatok
Ne sírjatok.
A viharok nem bántják már a szirmaitok.
Gyertek gyorsan, hattyúsiklással,
Az üdvösség vidám vizeibe,
A békesség szelíd tavába,
A bölcsesség hajnalának óráján.
Ez a Te fényed,
Ó, átragyog az enyémen,
Át a múlt, jelen és eljövendő időn.

---

1 Az „egy" vagy spirituális szem a homlok szemöldökök közötti részén.

Parancsolom nektek,
Két szemem,
Hogy legyetek eggyé, egyetlenné.
Legyetek eggyé, egyetlenné.
Hogy lássatok és ismerjetek mindent;
Hogy tegyétek ragyogóvá a testemet.
Tegyétek ragyogóvá az elmémet,
Tegyétek ragyogóvá a lelkemet.

Gyomorgyakorlat

Egy szék előtt állva hajolj előre, és fogd meg az ülőkét, hogy azon támaszkodj. Fújd ki a tüdődből az összes levegőt. Kilégzés közben a hasadat olyan közel húzd be a gerincedhez, amennyire lehetséges. Most belégzés közben told ki olyan messze a hasadat, amennyire tudod. Ismételd meg a gyakorlatot tizenkétszer. A jógik szerint ez a gyakorlat javítja az emésztési traktus működését (a belek perisztaltikáját, az emésztőmirigyek elválasztását), és ezáltal elősegíti a gyomorpanaszok megszüntetését.

Gyakorlat a Fogak Erősítésére

Behunyt szemmel szorítsd össze a felső és alsó fogsorodat az állkapcsod bal oldalán. Lazíts, majd szorítsd össze a fogsorodat a jobb oldalon is. Lazíts, majd szorítsd össze az elülső fogaidat. Végezetül szorítsd össze egyszerre a teljes alsó és felső fogsorodat.

Minden egyes pozíciót tarts ki egy vagy két percig az „összeszorított fogak" érzésére koncentrálva lásd magad előtt az életenergiát, amint vitalizálja a fogaid gyökerét, és megszüntet minden diszharmonikus állapotot.

A Belső Éden

A test kert, melyben az érzékek – a látás, hallás, ízlelés, szaglás és tapintás – elbűvölő fái nőnek. Az emberben lakozó Isten vagy Istenség óva int az érzékek gyümölcseinek mértéktelen fogyasztásától, különös tekintettel a szexuális erő almájának helytelen használatára, mely a test kertjének közepében található.

A gonosz kíváncsiság kígyója és Éva, avagy a minden emberi lényben meglévő érzelmes női természet kísérti az embert, hogy ellenszegüljön Isten parancsainak. Ennek következtében elveszítik az önkontroll örömét, és kiűzetnek a tisztaság és isteni üdvösség Édenkertjéből. A szexuális tapasztalás hozza be a bűnt, avagy a szégyen „fügefalevél-tudatosságát".

Azok a házaspárok, akik gyermekre vágynak, erre a teremtő célra kell hogy összpontosítsák a figyelmüket a nász alatt. Hogy a sok szenvedést elkerülje, az emberiségnek nem lenne szabad a szexuális együttlétet a maga kedvéért keresnie.

A Szex Kontroll Módszerei

Mielőtt este nyugovóra térsz, egy hideg, nedves kendővel töröld meg az összes testnyílásodat, valamint a kezedet, lábfejedet, köldöködet, és a nyúltvelő környékén a nyakad hátsó részét. Rendszeresen végezd ezt a gyakorlatot.

Tudományos gyógyító megerősítések

Ha rád tör a testi izgalom, hatszor-tizenötször mélyen szívd be, majd mélyen fújd ki a levegőt. Majd gyorsan keresd azok társaságát, akiket tisztelsz, és akik gyakorolják az önkontrollt.

Megerősítések a Tisztaság és erény elérésére

A porzóval és bibével

Tisztának teremtetted a virágokat.

A szüleimen keresztül tisztán

Hoztad a testemet.

Ahogy Te vagy a Teremtője

Minden jó dolognak,

Úgy vagyunk mi is.

Tanítsd meg nekünk, hogy teremtsünk

Szentségben

Nemes gondolatokat vagy nemes gyermekeket.

Te mentes vagy a nemiségtől.

Mi is mentesek vagyunk a nemiségtől, mentesek vagyunk a nemiségtől.

Tisztaságban teremtettél minket.

Taníts meg minket szentségben teremteni
Nemes gondolatokat vagy gyermekeket,
A te hasonlatosságodra.

Kiűzöm a gonoszt a gondolataimból, hogy legyőzzem a kísértést. Visszahívom az elmémet a testem külső felszínének érzékelő területeiről, melyek mentális vágyakozást keltenek bennem, és Isten jelenlétének belső üdvösségét keresem.

A Rossz Szokások Gyógyítása

A jó szokások a legnagyobb segítőid; folyamatos jó cselekedetekkel őrizd az erejüket.

Tudományos gyógyító megerősítések

A rossz szokások a legnagyobb ellenségeid; akaratod ellenére ártalmas viselkedésmintákat kényszerítenek rád. Ezek egyaránt ártalmasak fizikai, társas, morális, mentális és spirituális életedre. Szüntesd meg a rossz szokásokat, hogy nem táplálod azokat további rossz cselekedetekkel.

A valódi szabadság azt jelenti, hogy minden tettet a megfelelő értékítéletnek és a szabad választás lehetőségének megfelelően hajtunk végre. Azt edd például, amiről tudod, hogy tenned kell, és ne feltétlenül azt, amihez hozzászoktál.

A jó és rossz szokásoknak egyaránt idő kell ahhoz, hogy igazán erőre kapjanak. A régóta űzött rossz szokásokat úgy lehet jó szokásokkal helyettesíteni, ha türelemmel ápoljuk ez utóbbiakat.

Életed minden területén jó szokások behelyettesítésével szoríthatod ki rossz szokásaidat. Minden belső kényszerítő erődből, Isten gyermekeként, erősítsd magadban a szabadság-tudatot.

Megerősítés a Szabadságért

Te vagy a törvényben;
Te vagy minden törvény felett,
Te vagy minden törvény felett.
Ahogy Te vagy
Minden törvény felett, úgy vagyok én is.

Ó, ti bátor, jó katona szokások,
Űzzétek el a sötét, sötét szokásokat;
Űzzétek el a sötét, sötét szokásokat.
Szabad vagyok, szabad vagyok.
Nem kötnek szokások, Nem kötnek szokások.
Azt teszem, ami a helyes. Azt teszem, ami a helyes,
Nem a szokásaim ereje irányít engem.
Szabad vagyok, szabad vagyok;
Nem kötnek szokások, nem kötnek szokások.

Rövid Megerősítések

Mennyei Atya, erősítsd meg az elhatározásomat, hogy megszabaduljak a rossz szokásaimtól, melyek rossz rezgéseket vonzanak, és jó szokásokat alakítok ki, amelyek jó rezgéseket vonzanak.

Isten örök élete áramlik rajtam keresztül. Halhatatlan vagyok. Elmém hulláma mögött a Kozmikus Tudat óceánja terül el.

Isteni Atya, ahová küldtél engem, oda kell jönnöd.

Az élet mozgófilmjét soha nem egyetlen szereplőre vagy egyetlen eseményre írják. Fontos a szerepem a színpadon, mert nélkülem nem lenne teljes a kozmikus dráma.

Imádságok az Isteni Atyához

Az imádságok nem arra valók, hogy mulandó

szívességekért könyörögjünk, hanem arra, hogy az ember visszanyerhesse az isteni kincset, amelyet tudatlanságában elveszettnek vélt. Az alábbi imádságok Istenre – minden jó Forrására és minden megerősítés Erejére – irányítják a gondolataidat.

Mivel a Te tökéletességed kitörölhetetlen képe bennem van, tanítsd meg nekem lemosni a tudatlanság mesterséges foltjait, és láttasd meg velem, hogy Te és én Egyek vagyunk.

Ó, Szellem, taníts meg a test gyógyítására azáltal, hogy újra feltöltöm azt a Te kozmikus energiáddal, az elme gyógyítására koncentrációval és vidámsággal, és a lélek gyógyítására a meditációból születő intuícióval. Engedd a Te belső királyságodat kívül is megnyilvánulni.

Mennyei Atya, taníts meg gondolni Rád szegénységben vagy gazdagságban, betegségben vagy egészségben, tudatlanságban vagy bölcsességben. Hadd nyissam ki hitetlenségtől lehunyt szemeimet, hogy megláthassam a Te azonnal gyógyító fényedet.

Isteni Pásztor, mentsd meg gondolataim bárányait, melyek eltévedtek a nyugtalanság vadonjában, és vezesd el őket a Te szentséges békesség-aklodba.

Szeretett Isten, tudasd velem, hogy a Te láthatatlan, mindentől védelmező köpenyed mindig rám borul örömben és bánatban, életben és halálban.

A Szerzőről

"Az Isten iránti szeretet ideálja és az emberiség szolgálata teljes mértékben kifejeződött Paramahansza Jógánanda életében......Annak ellenére, hogy élete nagyobb részét Indián kívül töltötte, nagy szentjeink között tartjuk számon. Munkája tovább folytatódik, és mind fényesebben ragyog, és embereket vonz a Szellem zarándok útjára"

Ezekkel a szavakkal emlékezett meg India kormánya a Self Realization Fellowship/Yogoda Satsanga Society of India alapítójáról, amikor 1977. március 7-én kibocsátottak egy emlékbélyeget halálának 25. évfordulója alkalmából.

Paramahansza Jógánanda életművét 1917-ben kezdte el Indiában egy fiúk számára alapított „hogyan kell élni" iskolával, ahol a modern nevelési módszereket ötvözte a jóga gyakorlatokkal és a szellemi, lelki eszményekkel. 1920-ban meghívták Boston-ba, hogy Indiát képviselje egy nemzetközi szabadelvű vallási kongresszuson

(International Congress of Religious Liberals). Az ezt követő előadásokat Boston-ban New York-ban, Philadelphia-ban lelkesen fogadták, majd 1924-ben a kontinensen túli előadás sorozatra került sor.

A következő évtizedben Paramahanszadzsi sokat utazott, leckéket, tanfolyamokat tartott a jóga meditációról és a kiegyensúlyozott lelki életről. 1925-ben alapította a „Self-Realization Fellowship International Headquarters" szervezetet Los Angelesben, ahonnan az a szellemi és humanitárius munka, amit elkezdett, a mai napig folytatódik Chidananda testvér vezetésével, aki jelenleg a Self-Realization Fellowship elnöke. A Szervezet azon kívül, hogy kiadja Paramahansza Jógánanda írásait, előadásait, kötetlen beszédeit (beleértve egy átfogó lecke sorozatot a Kriya Jóga meditáció tudományáról), összefogja, felügyeli a Self-Realization Fellowship templomok, a lelki gyakorlatok, meditációs központok működését az egész világon, továbbképző programokat szervez szerzeteseknek, Imakört működtet az egész világon (Worldwide Prayer Circle), mely csatornaként szolgál, hogy gyógyulást hozzon azoknak, akiknek arra van szüksége, valamint békét és harmóniát teremtsen a nemzetek között.

Quincy Howe Jr.Ph.D. ókori nyelvek professzora Scripps College, ezt írta: „Paramahansza Jógánanda nemcsak India ősi ígéretét adta át az Isten-megvalósításra, hanem olyan gyakorlati módszert is adott, amellyel a legkülönbözőbb életstílusú, lelki megismerésre törekvő egyének gyorsan haladhatnak céljuk felé. Nyugaton túlságosan elvontnak és elérhetetlennek tartották India szellemi örökségét, amely most egyszerre elérhető gyakorlattá vált azok számára, akik meg akarják ismerni Istent, és nem majd egyszer, hanem itt és most"

Paramahansza Jógánanda életét és tanítását az *Egy Jógi Önéletrajza* című könyvében írja le, amely 1946-os kiadása óta klasszikusnak számít a témában, és számos főiskolán és egyetemen kézikönyvként tartják számon világszerte.

Paramahansza Jógánanda:
életében és halálában is jógi

Paramahansza Jógánanda 1952. március 7-én lépett át a mahászamádhiba (a jógi végső, tudatos kilépése testéből) a kaliforniai Los Angelesben, miután egy banketten előadta beszédét H. E. Binay R. Sen indiai nagykövet tiszteletére.

A hatalmas világtanító nemcsak életében, hanem halálában is a jóga (Isten felismerésének tudományos technikája) értékét demonstrálta. Hetekkel az eltávozása után is változatlanul ott ragyogott arcán a romolhatatlanság isteni csillogása.

Harry T. Rowe, a Los Angeles-i Forest Lawn Memorial-Park Halottasházának (itt helyezték el ideiglenesen a nagy mester testét) igazgatója közjegyző által hitelesített levelet küldött a Self-Realization Fellowship számára, ebből idézünk a következőkben:

Paramahansza Jógánanda: életében és halálában is jógi

"A tény, hogy Paramahansza Jógánanda holttestén a romlás semmiféle látható nyomát nem észleljük, pályafutásunk legszokatlanabb esetét jelenti... A fizikai bomlás jelei a halálát követő huszadik napon sem láthatók... A bőrén nem jelentkeztek penészfoltok, a testi szövetek pedig nem mutatták kiszáradás jelét. A test ilyen tökéletes állapotban való megőrzése, amennyire a halottasház évkönyveiből kiderül, példátlan eset... Amikor Jógánanda teste megérkezett, a halottasház személyzete arra számított, hogy az érckoporsó üvegfedelén át a testi bomlás megszokott jeleit fogják észlelni. Meglepetésünk napról napra fokozódott, mivel a megfigyelés alatt tartott test semmilyen látható változáson nem ment keresztül. Jógánanda teste látszólag a változhatatlanság rendkívüli állapotában pihent...

"Testéből nem távoztak a bomlás szaganyagai... Jógánanda március 27-i fizikai megjelenése, mielőtt a koporsó bronztetejét véglegesen rögzítették volna, szemernyit sem változott a március 7-i állapothoz képest. Pontosan ugyanolyan friss és a romlástól érintetlen volt a kinézete március 27-én, mint a halála estéjén. Március 27-én nem lehetett azt állítani, hogy a teste a fizikai bomlás bármely látható nyomát magán viselte volna. A fenti okok miatt ismételten kijelentjük, hogy Paramahansza Jógánanda esete a pályafutásunk során egyedülálló."

Imádságok Isteni Gyógyulásért

„Ó, Atyám, adj nekem mérhetetlen bőséget, boldogságot, egészséget, bölcsességet, de ne földi forrásból, hanem a Te mindennel rendelkező, mindenható, jótékony kezeidből."

Paramahansza Jógánanda

Isten ott él a teremtés minden egyes atomjában. Ha visszavonná éltető Jelenlétét, a világok nyom nélkül eltűnnének az éterben.

Az ember teljes mértékben Teremtőjétől függ. Amint az általa bevonzott egészség, boldogság és siker az Isten által elrendelt törvényekkel szembeni engedelmességének az eredménye, ugyanúgy az általa kért segítséget és gyógyulást is közvetlenül Istentől kaphatja meg imádság révén.

A fizikai betegségből, mentális diszharmóniából és spirituális tudatlanságból való gyógyulásra irányuló imádságokat naponta ajánlják fel a Self-Realization Fellowship Rend szerzetesei és apácái. Isten áldásain keresztül ezrekhez ért már el a spirituális segítség.

Saját magad vagy szeretteid számára is kérhetsz imádságokat weboldalunkon, illetve a nemzetközi központunkhoz küldött levélben, vagy telefonon. (Elérhetőségeket lásd a következő oldalon.)

Paramahansza Jógánanda Krijá-Jóga Tantásainak További Forrásai

A Self-Realization Fellowship elkötelezetten és ingyen segíti a keresőket világszerte. Ha információra van szükséged éves előadássorozatainkkal és tanfolyamainkkal, a világ számos pontján megtalálható templomainkban és központjainkban működő meditációs és lelkesítő szolgálatainkkal, lelki gyakorlataink időpontjaival vagy bármely egyéb tevékenységünkkel kapcsolatban, látogass el weboldalunkra vagy nemzetközi központunkba:

www.yogananda.org

SELF-REALIZATION FELLOWSHIP
3880 San Rafael Avenue
Los Angeles, CA 90065-3219
(323) 225-2471

A Self-Realization Fellowship céljai és törekvései

Miként azokat az alapító
Paramahansza Jógánanda lefektette
Chidananda testvér, elnök

Azoknak az egyértelmű tudományos technikáknak elterjesztése a világon, amelyek segítségével az ember Istent közvetlenül, személyesen megtapasztalhatja.

Annak megtanítása, hogy az élet célja az ember korlátolt, halandó tudatának személyes erőfeszítések általi fejlesztése az Istentudatig; és eme cél eléréséhez Self-Realization Fellowship templomok alapítása a világon mindenhol az Istennel való egyesülés elérésére. Továbbá az emberek ösztönzése, hogy létesítsenek személyes templomokat Istennek otthonaikban és szívükben.

A Self-Realization Fellowship céljai és törekvései

Annak felfedése, hogy az eredeti Jézus Krisztus által tanított kereszténység és az eredeti Bhagaván Krisna által tanított Jóga tökéletes harmóniában vannak egymással és alapvetően egyek; és annak megmutatása, hogy az igazságnak eme alapelvei minden valódi vallás közös tudományos alapját képezik.

Az isteni országút megmutatása, amelybe végül minden igaz hit ösvénye vezet: ez az Istenen való mindennapos, tudományos, odaadó meditáció országútja.

Az ember felszabadítása háromrétű szenvedéséből: fizikai betegségből, mentális diszharmóniából, és a spirituális tudatlanságból.

Az „egyszerű életre és fennkölt gondolkodásra" való buzdítás; a testvériség szellemének terjesztése a világ népei között örök egységük alapjának hirdetése által: mindannyian Isten gyermekei vagyunk.

Tudományos gyógyító megerősítések

Az elme test feletti, valamint a lélek elme feletti uralmának megmutatása.

A gonosz jóval, a szomorúság örömmel, a durvaság kedvességgel, és a tudatlanság bölcsességgel való legyőzése.

A tudomány és a vallás egyesítése az azokban rejlő alapelvek egységének felismerése által.

A Kelet és Nyugat közötti kulturális és spirituális megértés hirdetése, és legjobb tulajdonságaik kölcsönös elsajátítására való ösztönzés.

Az emberiség, mint felsőbb Énünk szolgálata.

TOVÁBBI FORRÁSOK

PARAMAHANSZA JÓGÁNANDA KÖNYVEI MAGYARUL

Egy jógi önéletrajza

A siker törvénye

Tudományos gyógyító megerősítések

PARAMAHANSZA JÓGÁNANDA KÖNYVEI ANGOLUL

Kapható a könyvesboltokban vagy közvetlenül a kiadónál:
Self-Realization Fellowship
3880 San Rafael Avenue • Los Angeles, California 90065-3219
Tel (323) 225-2471 • Fax (323) 225-5088
www.yogananda.org

Autobiography of a Yogi

The Second Coming of Christ:
The Resurrection of the Christ Within You
Krisztus Feltámadása Benned

God Talks with Arjuna: The Bhagavad Gita

Egy új fordítás magyarázatokkal

Man's Eternal Quest

Paramahansza Jógánanda előadásainak és kötetlen beszédeinek első kötete.

The Divine Romance

Paramahansza Jógánanda előadásainak, és kötetlen beszédeinek második kötete

Journey to Self-realization

Paramahansza Jógánanda előadásainak és kötetlen beszédeinek harmadik kötete

Wine of the Mystic:
The Rubaiyat of Omar Khayyam —
A Spiritual Interpretation

Ihletett magyarázatok, amelyek felfedik a Rubaiyat misztikus nyelvezete mögött rejlő, Istennel való egyesülés titokzatos tudományát.

Where There Is Light:
Insight and Inspiration for Meeting Life's Challenges

Whispers from Eternity
Paramahansza Jógánanda imáinak és a meditáció emelkedett állapotában tapasztalt istenélményeinek gyűjteménye.

The Science of Religion

The Yoga of the Bhagavad Gita:
An Introduction to India's Universal Science of God-Realization

The Yoga of Jesus:
Understanding the Hidden Teachings of the Gospels

In the Sanctuary of the Soul:
A Guide to Effective Prayer

Inner Peace:
How to Be Calmly Active and Actively Calm

To Be Victorious in Life

Why God Permits Evil and How to Rise Above It

Living Fearlessly:
Bringing Out Your Inner Soul Strength

How You Can Talk With God

Metaphysical Meditations
Több mint 300 spirituálisan felemelő meditáció, ima és megerősítés.

Scientific Healing Affirmations
Paramahansza Jógánanda alapos magyarázata a megerősítés tudományáról.

Sayings of Paramahansa Yogananda
Mondások és bölcs tanácsok gyűjteménye, amelyek Paramahansza Jógánanda őszinte és szeretetteljes válaszait közvetítik az útmutatásért hozzá fordulóknak.

Songs of the Soul
Paramahansza Jógánanda misztikus versei.

The Law of Success
Az ember életcéljainak elérését segítő alapelvek magyarázata.

Cosmic Chants
60 angol nyelvű vallásos ének. A bevezetés elmagyarázza, hogyan léphetünk kapcsolatba odaadó éneklésen keresztül Istennel

Paramahansza Jógánanda Hangfelvételei

Beholding the One in All

The Great Light of God

Songs of My Heart

To Make Heaven on Earth

Removing All Sorrow and Suffering

Follow the Path of Christ, Krishna, and the Masters

Awake in the Cosmic Dream

Be a Smile Millionaire

One Life Versus Reincarnation

In the Glory of the Spirit

Self-Realization: The Inner and the Outer Path

A Self-Realization Fellowship Egyéb Kiadványai

Megrendelhető a Self Realization Fellowship összes kiadványának és audio/videofelvételének teljes katalógusa.

The Holy Science
Swami Sri Yukteswar

Only Love: *Living the Spiritual Life in a Changing World*
Sri Daya Mata

Finding the Joy Within You:
Personal Counsel for God-Centered Living
Sri Daya Mata

God Alone: *The Life and Letters of a Saint*
Sri Gyanamata

"Mejda": *The Family and the Early Life of Paramahansa Yogananda*
Sananda Lal Ghosh

Self-Realization
*(negyedévnként megjelenő magazin, amelyet
Paramahansza Jógánanda alapított 1925-ben)*

DVD (DOKUMENTUMFILM)

AWAKE: The Life of Yogananda.

*Díjnyertes dokumentumfilm Paramahansza Jógánanda
életéről és munkájáról.*

A SELF-REALIZATION FELLOWSHIP LECKÉI

A meditáció Paramahansza Jógánanda által tanított tudományos technikáit, beleértve a Krijá-jógát – és a kiegyensúlyozott, spirituális élet összes aspektusára kiterjedő útmutatásait – a Self-Realization Fellowship Leckéi foglalják össze. További információkért rendeld meg az "Undreamed of Possibilities" ("Meg Nem

Álmodott Lehetőségek") című, angolul, spanyolul és németül elérhető, ingyenes könyvecskét, amely a www.yogananda.org weboldalon érhető el.

www.ingramcontent.com/pod-product-compliance
Lightning Source LLC
Chambersburg PA
CBHW020007050426
42450CB00005B/348